ENSAYO FILOSÓFICO

SOBRE LA IMPROVISACION,

ó

ENSEÑANZA UNIVERSAL DE JACOTOT APLICADA Á
LA IMPROVISACION EN LOS TRES GÉNEROS DE
ELOCUENCIA.

POR EL MAGISTRADO D. T. B. O.

El genio no es mas que una
gran disposicion á la paciencia.

BUFFON.

El arte oratorio consiste mas
que en otra cosa en el estudio
reflexivo de los mejores modelos, y en un ejercicio continuo
de componer: ejercicio que hace
fructificar el trabajo, mas que
una ostentacion de reglas la
mayor parte arbitrarias.
CAPMANI. — *Filosofía de
la elocuencia.*

MADRID.
IMPRENTA DE D. SANTIAGO SAUNAQUE,
CALLE DEL BURRO, N. 11.
1846.

ENSAYO FILOSÓFICO

SOBRE

LA IMPROVISACION.

PROLOGO DEL EDITOR.

Es necesario acomodar la educacion á los tiempos y á las circunstancias: Todos los siglos han
tenido sus manías favoritas, y sus modas hasta
en el género de sus estudios. Cada época se distingue por un nuevo modo de pensar; tras el
tiempo supersticioso vino el de la incredulidad,
y el hombre que adoró antiguamente una multitud de dioses, hace despues vanidad de no reconocer ninguno. La virtud, el vicio, la inmorta-
lidad, el aniquilamiento, todo le parece sinó-
nimo con tal que algunos superficiales folletos le
sirvan de antemural contra el cielo. Las guerras
y contiendas religiosas dominaron por largo espacio á los hombres de tal modo, que disputaban

852

sobre puntos del Dogma como ahora se disputa
sobre los de política. Se esforzaban en convencer
á sus hermanos con tal caridad, que preferian su
exterminio á dejarlos en sus errores. Pero como
las opiniones se deben combatir por medio de la
discusion y el raciocinio, en el órden de cosas
actual deben ser análogos y proporcionados los
conocimientos, y la facultad de hablar en público
se ha hecho tan necesaria, que es forzoso adqui-
rirla á toda costa. Un tratado de improvisacion segun el método de Jacotot, cuyo sistema presento,
facilitará en corto tiempo esta ventaja, y aunque
no carezca de impugnadores, me ha parecido será
útil en nuestra España, donde podrá ensayarse
con fruto por nuestros diputados y abogados. Con
él se podrá alcanzar reputacion en la tribuna y en
el foro, ó cuando menos expresarse con facilidad.
Tiempo habia que alimentaba el pensamiento del
autor, y júzguese de mi sorpresa cuando le he
visto desenvuelto con mas ó menos conformidad
con las ideas que tenia sobre esta materia. He
omitido muchas cuestiones demasiado metafísicas,
y quejas personales del autor en que se estiende
con dudosa oportunidad, procurando acomodarme
al carácter é índole de nuestra lengua, pues que

no pretendo dar una traduccion de su libro sino de sus pensamientos. He suplido algunos ejemplos ó modelos en los respectivos estilos, eligiendo aquellos que me parecieron de mayor mérito. En esto habré podido acaso equivocarme, porque en literatura como en otras cosas cada uno siente á su manera, y hay ciertas bellezas relativas al gusto variable de los lectores; pero nadie podrá negarles hasta cierto punto su mérito, sin que el asunto entre en cuenta para graduarle, ni pueda influir en el ánimo de los ilustrados é imparciales. No por eso se crea que en este tratado se espliquen los tropos y figuras de retórica, que supongo se aprendieron en las aulas, ó siguiendo este método; lo que se procura es separar los obstáculos que nos impiden poner aquellas reglas en práctica, dando al mismo tiempo algunos preceptos para disponer nuestro valor á la improvisacion. En cuanto á la parte de ejecucion que de mí depende, el público conoce la dificultad de esta clase de producciones, y me resigno al juicio que de ésta forme. No trato tampoco de adoptar todas las máximas del autor, especialmente en cuanto á igualdad de las inteligencias; mi ánimo ha sido presentar al público su método, y no ten-

go otra mira que creer hago en ello un servicio á
mi patria. Deben solo agradecérseme mis intenciones, sin hacerme responsable de su buen ó mal
éxito.

————

Hacia algun tiempo que tenia casi concluida
mi obra, cuya publicacion me ví precisado á suspender por motivos desagradables que algunos
conocen, cuando salió á luz en español el Libro
de los Oradores por Timon, ó sea M. Cormenin:
desde luego creí que mi trabajo habia perdido
una parte de su interés, y me apresuré á leer
aquella obra; pero muy pronto me convencí que,
sea cualquiera su mérito, son de muy diferente
género, y se distinguen en gran manera, sino en
el fin en los medios.

IDEA DE LA OBRA

POR

EL EDITOR ESPAÑOL.

Al presentar al público el tratado de la improvisacion en los tres géneros de elocuencia segun el
método de enseñanza universal de Jacotot, me parece necesario dar idea de dicha enseñanza y de las
bases y principios en que su autor la funda. No es
mi ánimo hacer una apología completa del que llama su descubrimiento; ni tampoco me parece justa la crítica de los que le consideran como un em-
pírico de las ciencias; no hay duda que su sistema
puede tener ventajas considerables, aunque no sea
mas que la de estimular á la juventud al estudio
de aquellas, con la seguridad que les ofrece, de
que para nadie estan cerradas las puertas de su
templo, con tal que tengan voluntad firme de entrar en él. Por lo demás, fiel expositor de su doctrina, procuraré presentarla con la claridad posi-

ble con relacion á los tres géneros de elocuencia,
la del púlpito, la tribuna y el foro, y si tuviese
aceptacion este tratado, me reservo dar á luz las
demás obras del autor que abrazan nada menos
que el modo de enseñar sin maestros todas las
ciencias que subordina al órden de dirigir los estudios.

En un siglo en que tantas revoluciones se ve-
rifican, ha querido el autor hacer tambien una revolucion en la enseñanza, declarándose enemigo de
las universidades y colegios y de las esplicaciones
de los maestros; asegura que con su método se
pueden aprender todas las ciencias sin necesidad
de ellos, en menos tiempo, y con una gran eco-
nomía de dinero. Que cualquiera madre puede dar
educacion por sí misma á sus hijos, y servirles
de preceptor, enseñándoles lo que ella ignora:
en una palabra, que cada uno puede enseñar á
otro lo que no ha aprendido, con tal que se dirija por su sistema. Este está fundado en un método analítico profundo llevado al último término de
descomposicion, de modo que á fuerza de meditacion continua sobre un modelo escogido, de
desmenuzarle de mil maneras, reteniéndole en
la memoria tenazmente, se llegue á prohijar, digámoslo así, haciéndole propio, y en un caso aná-
logo, como sin advertirlo, se produzca otro igual
y del mismo ó mayor mérito, adecuado á las circunstancias y objeto propuesto. Su máxima mas

esencial es la proposicion enunciada bajo esta fórmula: *Todo* está en *todo*; es decir *toda* produccion del espíritu humano contiene *todos* los conocimientos humanos. No falta mas que analizar, desenvolver todo lo que encierra, y verémos que lo abraza *todo*. Si examinamos una obra gramatical por ejemplo, y la comparamos con la de Fenelon, nos convencerémos que son hijas del mismo ser inteligente, que hay en ellas el mismo arte, y que la una contiene á la otra. Infinitas son las reflexiones que en todas las ciencias pueden deducirse del párrafo mas insignificante de un autor. No hay sabio que pueda contestar á las preguntas y cuestiones á que dá materia una sola palabra de Telémaco ó del Quijote. Cada ciencia encuentra en él asunto á serias investigaciones. El naturalista, el médico, el jurisconsulto, todos podrán examinarle segun los principios de su respectiva ciencia. «Calipso no podia consolarse de la ausencia de Ulises, etc.» El discípulo que sabe solamente esta oracion, hallará el enlace de todas las ciencias y artes bajo un punto de vista, y al paso que conocerá que el espíritu humano se muestra siempre el mismo en todas sus producciones, se convencerá de su ignorancia para esplicar siquiera la primera palabra. Hará el análisis gramatical de ella, si ha estudiado y comprendido la gramática, pero no hará el mitológico, si no ha estudiado esta ciencia; dirá en general que Calipso es una divinidad inferior, pero estará distante de un ontologista que recordará cuanto la imaginacion griega ha pensado sobre estos seres que no tenian ninguna existencia real. Tampoco le ocurrirá lo que á un impresor, un grabador, escultor ó pintor, luego que esta palabra fuese impresa, grabada, esculpida ó pintada, como hacen los chinos. Deducirá reflexiones morales de su estado, y dirá tambien, Calipso está enferma, es preciso darla algun remedio segun las reglas de la Terapéutica; pero para eso se necesita ser fármacéutico, y yo ignoro esta ciencia. Un médico afirmaria que estaba en un estado patológico supuesto que padecia, aunque su mal no fuese mas que moral.

El naturalista pondría toda su atencion en las curiosidades de la isla que tuviesen relacion con sus estudios: el arquitecto examinaría la construccion de las grutas: un geómetra mediría su superficie, y un físico escucharía el eco de la voz, procurando esplicar este fenómeno segun los principios de la acústica: un músico hablaría de la melodía de los sonidos, y un poeta de la prosodia y medida de los versos que cantaba. Cada uno en fin podría hacer ostentacion de su ciencia en cada palabra, hasta llegar á concluir que *todo está* en *todo*. Si un curioso nos preguntase si todo está en Tolémaco, responderémos con firmeza que sí; y en el primer libro, tambien; y en la primera palabra, del mismo modo, porque esta palabra es una obra de la inteligencia humana. El que la formó sabia el griego, y buscó una voz que significa *artificiosa*, *ladina*. Este artista se parecia al que inventó el modo de escribirla: al que descubrió el papel; al que puso en uso las plumas, confeccionó la tinta, y verificó las demás aplicaciones. Todas las artes y ciencias; la anatomía y la dinástica son el fruto de la misma inteligencia que ha formado la palabra Calipso. Sabido es que un filósofo abordando á una tierra desconocida, adivinó que estaba habitada, viendo sobre la arena algunas figuras de geometría, y gritó á sus compañeros: aquí teneis los vestigios del hombre; sus camaradas le tuvieron por un *loco*, porque las señales que les mostraba en nada se parecian á las huellas humanas. Los sabios del ilustrado siglo XIX se sorprenden, cuando poniendo ante sus ojos la palabra Calipso, se les dice: el dedo del hombre está aquí; puede que tambien me contesten: en nada se parece al sello del hombre; pero les afirmaremos que *todo* se halla *en todo*.

Este método de enseñanza no es seguramente nuevo, trae su origen de la mas remota antigüedad, pues es el mismo que seguia Platon con sus discípulos. Su doctrina la exponia por medio de diálogos en que ellos hacian la mayor parte, ejercitándolos en la investigacion de tal modo,

que los obligaba á producir todo cuanto podian
encontrar en sí mismos; lo que Sócrates llamaba
hacer *parir los talentos*, calificándose á sí mismo
de *comadron* de la juventud. Estos filósofos no
eran al parecer muy amigos de la escritura, porque la creian poco necesaria á la elocuencia, pues
como los oradores eran los que hablaban en público y no los que escribian para el público, así
la verdadera manera de enseñar las ciencias era
la de persuadir á un hombre de tal manera, que
fuese capaz de persuadir á otro; porque creian que
saber una verdad, era estar siempre en estado
de persuadirla sobre la marcha á cualquiera otra
persona razonablemente dispuesta. Por este motivo Sócrates no escribia nada, y aunque Platon no
fué en esto del todo de su parecer, se separó de él
lo menos posible, pues ha escrito de tal manera,
que mas bien parece oirse una conversacion que
leer un libro. Es solo Sócrates el que habla aun hoy
dia, que instruye á Teoteo ó Alcibiades, y que defiende la verdad contra Gorgias ó contra Pro-
tágoras; lo único que ha hecho Platon ha sido im-
pedir que estas conversaciones se perdiesen, y hacer que lo que habia dicho á algunos particulares
pudiese aprovechar á los hombres de todos los siglos. Aun no sabemos mas que por tradicion,
que este trabajo sea suyo; porque no se presenta
en ninguna parte de sus obras, sino en uno ú dos
pasages en que se nombra como por incidencia,

pero nunca es el que habla. Sus diálogos no son
puras ficciones como se podia imaginar; son pinturas hechas segun la naturaleza; todo el fondo
es verdadero; y si se ha tomado alguna libertad,
ha sido sin salir de la verosimilitud. Jenofonte es
buen testigo de esto, pues que no parece serle
parcial, y mas bien puede creerse tenian cierta
emulacion entre sí.

Los demás Socráticos habian escrito de la misma manera, particularmente si no nos olvidamos
de aquel cordonero de Atenas, que Diógenes co-
loca entre los filósofos, que habia redactado y
puesto en muchos diálogos las conversaciones
que Sócrates habia tenido en su tienda. Pero lo
que yo encuentro mejor en Platon despues de su
moral, es la dialéctica, y comprendo bajo el
nombre de dialéctica no solamente la lógica, sino tambien la elocuencia y todo lo que concierne
á la persuasion. En primer lugar juzgo que se
pueden sacar de él una infinidad de máximas
escelentes para arreglar los estudios en general,
se puede aprender en él á hacer el discernimiento de las ciencias, á ver los conocimientos que
son necesarios y dignos de un hombre de bien.
Se puede conocer el fin porque se debe estudiar, la manera de hacerlo sólidamente y de ser-
virse de sus estudios. Está llena de preceptos y
ejemplos de esta naturaleza, y es lo que ocupa
la mayor parte de las digresiones que tanto can-

san á los impacientes. En él se puede aprender la
verdadera lógica, es decir, el arte de desenvolver bien un pensamiento, de expresarlo con
precision, de definirlo bien, de dividir con exactitud, de tener método, y de hacer su aplicacion
y uso efectivo. Se encontrarán en la Fedra los
preceptos mas esenciales de la elocuencia, y
se verán ejemplos en todas las obras de Platon,
en especial en la Apología de Sócrates de un mérito sobresaliente, y aunque no sacásemos de él
mas fruto que este, nos debia ser en extremo
precioso.

En cuanto á su estilo, nada hay mas agradable; reune juntamente la fuerza de Demóstenes,
la claridad y elegancia de Isócrates, á la dulzura
y suavidad de los poetas, que imita en muchas
partes; pinta admirablemente los diferentes ca-
ractéres de los hombres, ajusta la expresion no
solo al pensamiento, sino al enlace del pensamiento; dice lo que quiere y como quiere, en fin,
creo que no hay estilo mas completo entre los autores griegos, y en verdad que en este género
nada hay superior á los griegos.

No ignoro que los padres de la Iglesia han
tratado bastante mal á Platon, y particularmente
san Crisóstomo en el prefacio de sus comentarios
sobre san Mateo. Pero esto prueba que le con-
sideraban como el jefe de todos los filósofos y de
la mejor moral, despues de la del cristianismo, y

que era necesario vencerle en todos sentidos, para establecer éste. Por último las obras de Platón me parecen tan luminosas, y su método de analizarlo todo por medio de diálogos ó conversaciones con sus discípulos tan propio para que estos encuentren sin cesar nuevas verdades y conocimientos, que considero el mejor su sistema de enseñanza. Para formarse un buen orador, es preciso comprender los grandes modelos, ver en qué consiste su enlace, el mecanismo de todas sus partes, observar de un solo golpe de vista todo el conjunto; en una palabra, familiarizarse de tal modo con los buenos ejemplos, que en cualquiera circunstancia nuestra imaginacion no nos ofrezca mas que rasgos escogidos. El autor francés sigue en todo este mismo método; para fundar su sistema ha tenido que establecer bases, y aunque algunas de ellas disuenan á primera vista, afirma que si consigue su objeto, nada le importa que le contradigan sus principios, pues trata de afianzar su enseñanza por medio de los hechos, sin querer entrar en polémica con sus impugnadores sobre la posibilidad. Otras de sus máximas parecen muy conformes con lo que generalmente observamos en todos aquellos individuos que sobresalen en alguna ciencia, que mas bien lo deben á haber estudiado bien, que mucho, y haberse limitado á un número de autores escogidos que han penetrado y comprendido con claridad,

que tienen siempre á la mano sus conocimientos,
y los emplean con oportunidad en las circunstancias que les ocurren; por el contrario aquellos que
han divagado por muchos sistemas, sin formarse
uno propio, que han estudiado mucho y retenido poco, se encuentran en las ocasiones perplejos
y confusos, y como anegados en sus mismos conocimientos, no atinan á poner en claro sus ideas
de modo que las hagan perceptibles á los demás:
á la manera que en un incendio, ú otro accidente
de la vida material, la confusion y el escesivo número sin órden ni plan, confunde y trastorna
mucho mas que aprovecha. Partiendo, pues, el
autor del principio de que todo hombre es un
animal racional, capaz por consecuencia de conocer la diferencia de las cosas entre sí, dice: que
cuando el hombre quiere instruirse, es preciso
que compare entre sí las cosas que conoce, y que
refiera á ellas las que aún no conoce. Sin duda que
ya estas pocas palabras contienen una porcion de
cuestiones metafísicas; pero no se trata de contestar á objeciones, ni de demostrar una teoría,
es solo un hecho el que se vá á exponer, una esperiencia que hay que realizar, un resultado que
es preciso obtener. Si se ha comenzado por sentar la máxima que suponemos una inteligencia
igual en todos los hombres, nuestro ánimo no
ha sido nunca el de sostener esta proposicion, ha
sido solo manifestar nuestro juicio, juicio que nos

ha dirijido en la sucesion de ejercicios que componen el conjunto de nuestro método; y véase porque hemos creido útil erigir en principio, que todos los hombres tienen una inteligencia igual. Esta no es la opinion de muchos de nuestros sabios, pero es la de Descartes y Newton, sin que por eso creamos que su autoridad sea suficiente. Con todo, dirá algun crítico, si vuestro método está fundado sobre una base tan fragil, destruida esta, todo el armatoste, es decir, el método, vendrá al suelo. Nosotros podemos responder al crítico, si nuestro método conduce á un resultado satisfactorio, la verdad de él no depende mas de nuestra opinion que de la vuestra; aun cuando no demostrásemos claramente que tal camino debia conducir á tal punto, no se seguiría de ello que no habiamos llegado á él. Hay un millon de esperiencias, de que nadie duda, sin embargo que no podemos dar su esplicacion. Vd. anda en un círculo vicioso, añadirá el argumentador, pues cuando se os piden hechos, empezais por establecer un principio, y luego que se ataca vuestro principio, os atrincherais en hechos que vos solo conoceis; nosotros responderíamos, el otro replicaría, y la disputa se haría interminable. Hemos dicho por lo mismo que no queremos disputar, y en prueba de ello dejamos esta última objecion sin respuesta, aun con peligro de dejarla pasar como invencible; el lector podrá juzgar de nosotros lo que quiera, decidiéndose en pro ó en contra, ó arrojar este libro; pero al menos no dirá que le hemos engañado, teniéndole mucho tiempo en incertidumbre.

En cuanto á aquellos que quieran ensayar y asegurarse de nuestro método, les rogamos que nos lean con atencion, harémos los esfuerzos posibles por ser claros, no reclamamos sus sufragios, no solicitamos una ciega aprobacion, pero queremos fé, docilidad y perseverancia para seguir el camino que les trazamos. Si este libro cae por casualidad en las manos de un sabio extranjero, que quierà dirijir una educacion segun nuestro método, nos contentaremos con decirle: *haced aprender un libro á vuestro discípulo*, leedle vos mismo frecuentemente, y aseguraos que el discípulo comprende todo lo que sabe, y que no podrá olvidarlo; enseñadle en fin á referir á su libro todo lo que aprenda en lo sucesivo, y hareis la enseñanza universal. Si estas pocas palabras no bastan para el sabio, creemos firmemente que no comprenderá en adelante nuestro plan, porque no diremos otra cosa, que lo que acabamos de afirmar; *sabed un libro y referid á él todos los otros;* aquí teneis nuestro método. Por lo demás, variar á vuestro gusto los ejercicios de que os hablarémos, y cambiad su órden á vuestro antojo; nada me importa: si aprendeis bien un libro y referís á él todos los demás, seguireis el mé-

todo de la enseñanza universal. No es precisamente por empezar por los rudimentos el motivo de estraviarnos en nuestros estudios, sino
porque al salir del colegio, no sabemos ni aun
estos mismos rudimentos. No es sabio el que ha
aprendido, sino el que haya retenido, no consiste en estudiar mucho, sino en no olvidar. Cada
cual haga la cuenta consigo mismo: si retubiése-
mos siquiera la cuarta parte de lo que hemos estudiado en nuestra vida, el caudal no sería des-
preciable ni mezquino. Nada tenemos que decir
con respecto á los que se dedican á enseñar, cada
uno conoce lo que debe hacer; pero habiendo seguido otra marcha para adquirir sus conocimientos, no creo tengan bastante confianza para introducir á sus discípulos en el nuevo camino. Casi
todos los que han venido á conferenciar conmigo
sobre este particular, me han parecido sorpren-
didos de nuestro sistema; pero no me atreveré á
lisonjearme de haber convencido á uno solo, aunque haya persuadido á muchos. Otros se han admirado del descuido de nuestro lenguaje, y no
dudamos que se nos hayan deslizado algunas espresiones demasiado familiares. Habrá quien crea
percibir en este defecto la prueba de la falsedad
de nuestro método; porque ¿cómo se ha de creer
en efecto que un hombre que escribe con tan poca elegancia, va á dar lecciones de estilo? No es
nuestro ánimo responder á esta objecion como á

ninguna otra ; si tratamos algun dia de dar á luz la historia de la enseñanza universal, entonces procuraremos limar nuestro estilo. Esta será una historia entretenida como lo son todas las historias, donde se ponen en juego las pequeñas pasiones ; ahora solo escribimos para instruir, y no tratamos de divertir ni conmover , escribimos para los establecimientos de la enseñanza universal ; ahí se enseña que nuestro estilo no hace nada al caso, y *que la retórica y la razon nada tienen de comun* ; no citaremos hechos ; los que los conocen no tienen ninguna necesidad de ellos, y los que los ignoran los conocerán algun dia. (1) Ga-

---

(1) Galileo, noble florentino, nació en 1564, y desde su primera infancia manifestó una decidida inclinacion por las matemáticas, en que hizo los mas asombrosos progresos. Fuera de desear para su reposo que se hubiera limitado á hacer observaciones en el cielo ; pero quiso absolutamente abrazar un sistema , y se decidió por el de Copérnico sosteniéndole con razones muy sólidas. Scheiner, jesuita aleman , envidioso del astrónomo florentino , se vengó de su rival delatándole á la inquisicion de Roma. Este tribunal habia dado un decreto contra la opinion de Copérnico, contraria segun él á la Sagrada Escritura. Galileo , cuyos talentos se respetaban , aunque se atacasen sus ideas, fué obligado á desistir de la defensa de su sistema por escrito y de palabra. El cardenal Belarmino , encargado de su retractacion, procuró que fuese con el decoro y miramiento posible, ofreciendo solamente que en lo sucesivo no le sostendría. Cumplió en efecto su palabra hasta el año 1632 en que dió á luz sus diálogos para establecer la movilidad del sol, y el movimiento de la tierra al rededor de este astro, por lo que la inquisicion le citó de nuevo. Compareció lleno de confianza ; pero se pretende que se defendió mal, siendo

lileo **prestaba** con la mayor complacencia su an-
teojo á todo el mundo; unos veian por él los sa-
télites que el filósofo habia descubierto; otros decian, escribian é imprimian que no veian tales sa-
télites; con todo el hecho era cierto. Preguntad
á aquellos que hoy dia aseguran su existencia,
si los han visto, y os contestarán que no tienen
ningun interés en negarlo. *Todo* está en *todo.*

---

condenado por una sentencia firmada por siete cardenales á ser reducido á prision y recitar los siete salmos penitenciales una vez
cada semana por espacio de tres años como relapso. Su delito, segun el fundamento de la sentencia, era haber enseñado un sistema absurdo y falso en buena filosofía, y erróneo segun la fé, en
cuanto es expresamente contrario á la sagrada escritura. Galileo,
pues, á la edad de 70 años tuvo que pedir perdon de haber sostenido una verdad, abjurándola de rodillas y puestas las manos sobre los evangelios, como una absurdidad, un error y una here-
gía. *Corde sincero et fide non ficta, abjuro, maledico et de-
testo supra dictos errores et herezos.* En el momento que se levan-
taba del suelo, agitado por los remordimientos de haber hecho un
juramento falso y contrario á lo que sentía, puestos los ojos en
la tierra y dando una patada dijo: *sin embargo ella se mueve.*
Fué enterrado en la iglesia de Santa Cruz frente á Miguel Ángelo.
Este gran hombre fué superior á su siglo y á su país. Si esta superioridad le fué funesta durante su vida, tambien fué el principio de su gloria despues de su muerte. Escribió muchas y estimables
obras sobre la física, geografía, astronomía etc.; pero otras muchas se han perdido desgraciadamente para la posteridad, porque
su esposa, muy poco filósofa aunque mujer de un filósofo, las
entregó á su confesor para que fuesen presa de las llamas.

N. del E.

DE LA IMPROVISACION.

Sin duda que el saber escribir es muy necesario; pero la precision de comunicar uno sus ideas y sentimientos por medio de la palabra, es de todos los momentos. El talento de hablar bien comprende además el de escribir con perfeccion bajo varios respectos. Hablar es escribir de prisa, y escribir no es otra cosa que hablar con lentitud, echando mano de los signos de que hay necesidad para expresarse. En este concepto el que sabe hablar, sabe escribir; pero no lo contrario. Con todo, el que habla tiene muchos recursos que faltan al que escribe. Este no emplea mas que caracteres muertos, habla solo á nuestra memoria, y todos los signos de que se vale y pone á nuestra vista son puramente arbitrarios. Nunca puede estar seguro que le entenderán completamente. El len—

guaje de la naturaleza, la reunion de los hechos
que pasan á nuestra vista, todo es universal y
ajeno de nuestras convenciones; pero los signos
que inventamos para designar estos cuadros diferentes no nos dan de ellos mas que una idea imcompleta y oscura, y aunque la misma accion pase al mismo tiempo á los ojos de todos, cada uno
la esplicará á su modo, representándonos solo una
idea vaga y confusa de lo que mas haya llamado
su atencion entre el número infinito de circunstancias que acompañan á un suceso. Sin duda que
todos en igual caso adivinamos lo mismo; pero
como no comprendemos este lenguaje artificial
mas que con la ayuda de la vista, de los gestos y
de la accion, es decir, de la lengua universal,
sucede que la lengua del hombre sirve de intérprete necesario á la lengua del ciudadano, y como la lengua natural es limitada, y deja siempre
alguna incertidumbre sobre los detalles del pensamiento ó del sentimiento, las lenguas que son
inventadas conservan todas el carácter de su madre comun. Siempre quedaría algo que explicar
aun cuando se escribiese toda la vida para hacerse
entender. De aquí dimana el orígen de los volúmenes en folio, y esta ventaja, que parece ser el
patrimonio de las lenguas escritas, acaba por ser
su mayor contrario, engendrando disputas interminables: cuanto mas se escribe, mas necesidad
hay de escribir para desenvolver lo escrito. A

cualquier punto que se vuelva la vista se vé lo infinito por todas partes: el lector además divaga cuanto le parece; pero el que habla tiene muchas ventajas. Apenas se comprenderán los sonidos que salen de su boca, que sus ojos, su actitud, su acento serán comprendidos de todo el mundo. Aparece de repente un hombre á nuestra vista; en su marcha lenta, en su mirar sombrío, que parece mirar sin ver, reconozco una víctima triste del inexorable destino; que se pare ó que ande, que hable ó que calle nada importa, veo una mano invisible que le persigue: si habla me conmuevo, me extremezco de horror si calla. Si sus acentos sordos y lúgubres anuncian un desgraciado que no habla mas que consigo mismo, se descubre sin remedio; su voz no suena, ha perdido su resorte apagándose en su oprimido pecho; pero por eso ¿podremos dejar de comprender este lenguaje? Con todo ¿quién es ha dicho que este desgraciado es Œdipo, ó Hamlet ó Talma, mas bien que Orestes ó Manlio? ¡Cuántas cosas es necesario haber visto de antemano para distinguir un desgraciado de otro, un acontecimiento de otro acontecimiento, el pavor del pavor, y un dolor de otro dolor! Solo es la verdad la que me conmueve; aquí está el talento, en esto solo consiste el mérito. ¡Qué bien lo hace, decimos de un actor; y esto quiere decir que sus gestos, su acento, su inmovilidad son elocuentes y verdaderos! ¿Pero cómo podré

decir que hay verdad en todo esto si no la conozco? Mas yo lo hallo todo en mis recuerdos, admiro al hombre que sabe imitar tan bien á sus
semejantes, y mostrarme como por encanto tantos hombres en uno solo. Todos pagamos este
tributo de admiracion, todos estamos conformes
en este punto. Mas si tratais de esplicar las sensaciones que el hombre de mérito acaba de excitar en nosotros, las discusiones y las disputas serán interminables: volvemos á entrar en la lengua artificial, y este lenguaje es diferente no solo
de pueblo á pueblo, sino de individuo á individuo.

El inconveniente es aún mas sensible cuando
se escribe, porque cuando hablo manifiesto mi
emocion, y despierto la de los demás contra su voluntad; ya no es un recuerdo el que excito, es
una realidad. Yo os digo que Talma es admirable
en la lengua que habla para decirnos que Sila no
es dichoso; pero la escritura es inanimada y fria
por su naturaleza: el lector que no se abandona
no puede ser arrastrado, y es uno engañado acerca de los sentimientos ó la conviccion del que escribe por los signos convencionales, del mismo
modo que cuando se juzga de la benevolencia del
corazon por la finura de las palabras ó por las
fórmulas de la etiqueta. Lo mismo sucede en la
lengua natural, que en la música que no esplica
bien mas que el sentimiento, y no el pensamiento. Todos se conmueven cuando Talma habla, aun

aquellos que por la distancia no pueden percibir las palabras que salen de su boca: el poeta y Talma nada tienen de comun. Racine es sobresaliente y Talma tambien lo es; el actor tiene mucho que hacer para superar á Racine, porque aquí la distraccion es mas fuerte fijando nuestra atencion en el poeta, y lo que podemos hacer es dividir nuestra admiracion entre los dos.

Mas en esto como en cualquiera otra cosa no es el genio, sino el talento lo que admiro. La superioridad existe, la reconozco, la siento, mas esta superioridad es adquirida como la de Cornell y Newton; yo no la admiraría si fuese natural; no admiro á la naturaleza sino al Criador. Admiro lo que el hombre hace porque le pertenece; pero no lo que puede hacer porque ha recibido la facultad y disposicion para ello. Se pueden superar las mas grandes dificultades por un constante trabajo; pero si cuesta tanto vencerse á sí mismo, ¡cuánto mas costará convencer á los demás! la palabra lleva ventajas conocidas á la escritura, yo lo sé por experiencia; pero en fin, no tengo mas recurso que esta para hacerme comprender, y quiero ensayarlo.

La improvisacion es evidentemente un talento adquirido, ¿quién puede en efecto ver el genio? Combinar, decidir, qué sentimientos es preciso comunicar y con qué órden, todo el mundo tiene este talento; el sabio, el ignorante, el niño, la

mujer, el hombre, todos lo hacemos mentalmente;
pero una palabra no se presenta en el momento
que la esperamos, y esta rebusca forzada nos
turba; otra se presenta sin cesar, y esta impor-
tunidad nos distrae. ¡Dichosos si no se escapa de
nuestra boca! Desde luego conocemos que esta
palabra importuna nos ha hecho traicion, y nos
desconcierta quedando mudos. Improvisar es hablar solo y en particular á gentes que os escuchan, sin deteneros no acalorando vuestras inspi-
raciones con demasiado fuego, de modo que tengais que interrumpiros. Es dar esplicaciones que
no se os piden, resolver objeciones que no se
han opuesto. En una palabra, es ser solo actor
en presencia de espectadores, que os responderán
si les acomoda, ó guardarán silencio segun les
convenga. En la conversacion todos improvisamos
lo que decimos, y si cada uno retuviese todo lo
que se ha dicho por una y otra parte, se podrian,
siguiendo cierto órden de convencion, hacer otros
tantos discursos diferentes, cuantas fuesen las
opiniones distintas que se hubiesen emitido. Cada
uno de los que hablan en una sociedad, hablaría
largo tiempo si no fuese interrumpido cuando está animado, es decir, cuando está enteramente
entregado á lo que dice, y que no experimenta
ninguna distraccion, y aún la interrupcion misma
contribuirá acaso para animarle mas. Pero el silencio del auditorio, desde el momento que lo

nota, produce el efecto contrario: Todas estas miradas que se fijan en él le desconciertan y turban, obligándole á callar. Mas no es por defecto de genio (lo repito), es porque se distrae, es porque es un hombre debil: no es dueño de los movimientos de su corazon que palpita, no se posee ya del asunto, la razon le abandona desde este momento, ya nada vé, nada puede comparar ni mesurar. Ha perdido el genio, porque ha perdido la razon. APRENDE PUES A VENCERTE; hé aquí la principal regla de la improvisacion.

Hablo de la improvisacion que se ejerce en medio de una asamblea, pues la mirada maligna de un solo oyente puede muy bien desconcertar al que habla; pero cuando se trata de dos interlocutores que se entienden entre sí, ya no podemos decir que hay improvisacion, es decir, aquella continuidad necesaria en las palabras.. El gesto mudo, la mirada, la aptitud, todo se comprende, todo entra en cuenta entre dos amigos, todo hace parte del discurso; las mismas paradas é interrupciones tienen su lugar como las pausas en la música, sirviendo para esplicar las expresiones de que se compone. Es mucho mas difícil agradar á dos que á uno solo. ¿Cómo conciliar pues dos opiniones frecuentemente opuestas? Cuanto mas se penetre en el alma del uno, tanto mas irritais al otro. Seria preciso abanzar al mismo tiempo sobre dos caminos opuestos, decir á un tiempo el

pro y el contra, y este sería el medio infalible
de desagradar á los dos. Moliere mismo con todo
su talento nunca ha podido conseguirlo.

Por el contrario tratándose de una asamblea,
la empresa no es tan arriesgada; se la puede
arrastrar porque siente, se la puede engañar
porque no raciocina. El pueblo de Atenas iba sin
cesar como por un movimiento de oscilacion de
un orador á otro, sin reposar ni fijarse en ningun parecer. La libertad, la voluntad de cada individuo, es la que produce este aire de indecision
y de valanceamiento maquinal de las masas.
Estos choques voluntarios producen movimientos
imprevistos. Las fuerzas existen; su intensidad,
su concurso, su punto de aplicacion varian sin
cesar con la voluntad mudable de los individuos,
y el resultado, es decir, la direccion que tomará
el cuerpo movido no puede ser conocida de nadie. Aquel pues estará mas seguro de salir con
su empresa que sepa mejor excitar las pasiones,
con tal que no hable en favor de Milon en el tribunal presidido por Pompeyo, porque entonces
no habla verdaderamente delante de una asamblea, y no tiene otros oyentes que á Pompeyo (2).

(2) Tito Annio Milon deseaba escalar el consulado, y para
conseguirlo excitó en Roma muchas facciones. Estas intrigas oca-
sionaron la muerte de Clodio tribuno de la plebe, que hizo matar
el año 52 antes de Jesucristo. Ciceron se encargó de defenderle

El alegato de Ciceron no por eso deja de ser un modelo del arte de hablar á las asambleas. Por lo mismo habrá dicho probablemente Quintiliano, que un discurso puede estar muy bien hecho, aunque no tenga un feliz éxito. Quintiliano tiene razon, porque el discurso debe ser juzgado por la especie humana que no cambia nunca de manera de sentir, y para quien ya no existe Pompeyo. Bien veis que el jenio nada tiene que hacer en esto, y que es cuestion de oportunidad solamente. Que la cosa sea así como digo, ó de otro modo, la fuerza de las circunstancias es un hecho al que hay que someterse, y que no depende de nosotros en ninguna manera.

OTRA REGLA ESENCIAL. No os dejeis nunca intimidar por los gritos: desde luego una asamblea que grita, es una asamblea de locos: vosotros no errais porque griten: es preciso tratar de apaciguarlos sin duda: mas sus gritos, esta última razon del mayor número, nada prueba contra vuestro discurso, y si conseguís calmar la tempestad, reflexionad sobre lo que habeis dicho, y vereis

contra sus acusadores; mas como el tribunal estubiese rodeado de soldados, su aspecto, los murmullos y los gritos de los partidarios de Clodio, turbaron su memoria de tal modo, que no pudo pronunciar su alegato tal como le habia compuesto. Milon fué desterrado á Marsella, donde Ciceron le envió su discurso: despues de haberle leido exclamó: «¡O Ciceron! si tú hubieras podido hablar así, no comería Milon los barbos de Marsella.» *N. del E.*

que ha sido una tontería ó ardid oratorio. Esta era la opinion de Focion, y Focion no ha pasado nunca por hombre que desconocia este género. Habia oido á Demóstenes, habia estudiado al pueblo de Atenas y visto las oleadas tumultuosas, el flujo y reflujo de este mar agitado. Un dia que se le aplaudia subiendo á la tribuna, se volvió para preguntar á su inmediato si se le habia deslizado algun disparate. Su miedo era fundado; porque reir, aplaudir, llorar son las señales de un sentimiento ó de una pasion (1).

---

(1) Es tan cierto que debemos hacernos superiores á todas las sujestiones del amor propio, si queremos hablar en público, que no habrá un lector que no vea la exactitud de las observaciones que hacemos en este párrafo, y que su imaginacion no se fije involuntariamente en algunos contemporáneos que todo el mundo conoce, pareciéndonos imposible tuviesen la osadía de hablar en público; y que en el caso de tenerla pudiesen ser escuchados un cuarto de hora de los espectadores por mas pacientes y sufridos que fuesen. Sin embargo, hemos presenciado con asombro, que aunque en un principio han desatinado escandalosamente dando asunto á las burlas y á las risas de todos, al fin han alcanzado á hacer discursos tolerables, obligándonos á escucharlos si no con complacencia, al menos sin desagrado, llegando á consignar sus ideas de un modo público, cosa que jamás hubiéramos esperado, ni acaso ellos mismos, si en un principio se hubiesen dejado imponer por las demostraciones de las tribunas. Su imperturbabilidad, pues, los ha salvado, y esto debe animar á no dejarnos intimidar de los obstáculos que nos opone una vana vergüenza, fortificándonos en la opinion del autor, de que la constancia y la paciencia pueden mas que el talento, aun cuando fuese cierta la gran desigualdad en la inteligencia que generalmente se supone entre los individuos.   *N. del E.*

No temais ni los aplausos ni las censuras, ó no improvisareis nunca. Estad con calma en vuestros mas grandes movimientos oratorios; moderadlos porque lo creais conveniente, y no porque carezcais de valor: solo la razon debe ser vuestra guia, y no hagais el menor aprecio de los susurros ni de los gritos. Hay circunstancias en que el deber exige aun mucho mas, y es preciso que no manifesteis el menor temor; esta misma audacia impondrá á vuestros contrarios. Sócrates decia á Alcibiades mostrándole los atenienses uno á uno: «mirad, ahí teneis al que os dá tanto miedo cuando subís á la tribuna»: pero me direis ¿está en la naturaleza dejarse intimidar del número?: sin duda que todo está en lo natural: está en lo natural dejarse arrastrar por el torrente como lo está el superarle; pero el que lucha contra las aguas usa de las fuerzas que la naturaleza le ha dado, y llena el deber de su conservacion. Si no podeis venceros no sois hombre; sucumbid y callad.

No me digais ¿será preciso amenazar con el jesto á sus oyentes, lanzarles miradas furiosas, haciéndoles entender que nada nos puede hacer retroceder; arrojarse en la discusion como en una batalla, y subir á la tribuna como se sube al asalto? Responderé á esto: ¿teneis intencion de hablar como retóricos? El medio será muy bueno, pero no hay nada de razon en todo él, y si se consiguiese alguna ventaja, se debería solo á la casualidad. ¿No os he citado ya á Ciceron ó Demóstenes por modelos? Un furioso tal como le pintais no es un orador; podrá tener talento, pero no tendrá razon; haced cuantas suposiciones querais, imaginad todos los defectos que pueda tener un orador, si sabe la lengua, vereis que no es el genio sino la razon lo que le ha faltado, porque la lengua se aprende y la sinrazon no es mas que una distraccion.

Aquellos que pretenden que hay en la literatura tantos jenios diferentes como dioses en la mitología, tienen como los griegos sus dioses superiores y sus dioses inferiores; colocan entre estos últimos los improvisadores y rapsodistas. ¿Qué revolucion pues ha destronado estos bardos que improvisaban los cantos guerreros; aquel Tirteo que los esparciatas pidieron á los atenienses por mandato del oráculo de Delfos para inspirarles el amor de la gloria y asegurarles la victoria. Estos improvisadores sin embargo nada han producido, se dice, comparable á las composiciones escritas de nuestros grandes hombres. Se olvidan de Brydayne y de Mirabeau; no reflexionan que la improvisacion no es la escritura; que estos dos talentos se diferencian en sus medios como en su objeto. Aunque Bourdaloue sea un gran orador, él decia de sí mismo hablando de la elocuencia de Brydayne, que las bolsas que se habian librado de sus manos caian en las de éste.

Todo consistia en que Brydayne hablaba, y Bourdaloue recitaba un discurso escrito. Si se hubiesen impreso los discursos de Brydayne no se comprenderían á la simple lectura. Lo que Brydayne decia estaba hecho para ser dicho, y no para ser leido ó recitado. Lo que Bourdaloue ó Masillon escribía debia ser leido y no recitado ó dicho. Si Talma improvisase, su papel cambiaría al instante; no sería menos admirable, pero sería otro muy distinto: yo me formo una idea vaga de este cambio, cuando le veo representar una de esas piezas á medio escribir, donde todo tiene que suplirlo el actor y en que los detalles no están mas que indicados.

Mirabeau no escribia como Bossuet; pero éste no sabia hablar como aquel. El renombre de un improvisador no está fundado mas que en la tradicion; es un hecho histórico del que no queda ninguna señal. Bossuet está siempre allí; podemos escucharle y admirarle cuando nos agrade. Mirabeau no existe ya; sus mismos contemporáneos no le han conocido. Se leian sus discursos, y, segun la opinion de los lectores, unos quedaban encantados, otros espantados y á muchos causaban asco por su estilo. No se reflexionaba que sus composiciones no estaban hechas para ser leidas, sino para ser dichas. Habia sugeto que se ponia á discutir sobre el mérito de su improvisacion juzgándola segun sus viejas preocupaciones de lectura, y mas bien segun las prevenciones de una faccion. Iba á la reunion á oir al gran hombre con objeto de burlarse de él. Mirabeau aparecia, empezaba á hablar, el encanto se verificaba, y nuestro oyente salia seducido ó confundido. ¿Mas este sobresaliente orador tenia mas jenio que sus adversarios? Sin duda que no, pero era el solo que habia recibido de la casualidad y de las circunstancias la educacion conveniente: la historia de su vida lo atestigua (1): pero esta esplicacion es demasiado sencilla para detenernos sobre ella. Además tenemos el ejemplo de otros grandes oradores, cuya constancia parecia superar los obstáculos de la misma naturaleza. Esto irrita á los perezosos, pero á mí la vista de un gran hombre no me ofende mas que la de un advenedizo cualquiera, que ha hecho fortuna por medio de su trabajo; por el contrario le respeto y venero. Su ejemplo es capaz de animar á aquellos que tengan la paciencia suficiente para tomarlos por modelo, pero confieso tambien que debe desesperar á los

---

(1) Mirabeau promovió sérias desavenencias con su mujer y padre politico, y siendo acusado, tuvo que defenderse por sí mismo con tanto mas calor y elocuencia, cuanto menos razon habia de su parte.

N. del E.

otros. Para vengarse esplican de mil maneras
estravagantes como ha podido suceder que ellos
no sean césares. Le comparan á un manzano que
precisamente no puede llevar mas que manzanas,
de modo que Cesar no podia, segun ellos, ser
otra cosa que Cesar. Se le concede la palma,
y se le disputa el mérito de haberla alcanzado.
Es un ídolo que se adora en una lengua que él no
habria podido aprender, cantándole sus alabanzas
en versos que tampoco hubiera hecho.

En la enseñanza universal se cree, como lo hemos visto, que todos los hombres tienen una misma inteligencia. No se deja escusa á la pereza.

Se preguntará todavía (porque hay mucho
mas deseo de discutir que de estudiar) se preguntará, repito, sino hay algunas lenguas mas á propósito que otras para la improvisacion. La española, dicen los españoles, ofrece un obstáculo
invencible á la improvisacion. Nuestra lengua,
añaden, es la lengua de la razon, las fruslerías
que se atreven á presentar con mucha seriedad
en otro idioma pueden dejarse pasar, y se les deben permitir á idiomas que no pueden hacer
otra cosa mejor; pero nuestra lengua no se
presta á esas superficialidades ni á las licencias
poéticas que en último resultado no son mas que
recortes de la razon. El francés, dicen tambien, es
el intérprete comun de todos los pueblos cuando
se trata de graves intereses. Es la lengua de la

diplomacia; sus movimientos sabios y mesurados
no pueden acomodarse á los transportes y divaga-
ciones de los improvisadores; su construccion fija
ó inmutable embaraza mucho á la improvisacion.
El ejemplo de los italianos no prueba nada, porque su lengua flexible se presta á todas las necesidades del que habla; el jenio del improvisador
impone leyes á la lengua, y por el contrario la
lengua francesa las da al que habla no queriendo
recibirlas de nadie.

Respondo á todo esto que improvisar no es
mas que escribir de prisa, y que los mas bellos
pasajes de Corneille son aquellos que menos ha li-
mado. Esto no es decir que yo crea que el jenio
del hombre pueda improvisar una lengua, como
se improvisa el pensamiento: es necesario haber estudiado largo tiempo para llegar á hacer con mucho trabajo versos fáciles; pero al
fin se consigue, y el ejercicio conveniente debe conducir á hacer facilmente versos *fáciles*; digo el ejercicio conveniente, porque es necesario no creer que se aprende á hablar cuando
se aprende á escribir; son dos talentos diferentes.
Para escribir bien es preciso retocar veinte veces
la obra; para llegar á ser improvisador es de necesidad no repetir nunca una palabra ya dicha; aquí
no se raspa ni se borra; el mas pequeño retardo,
la menor duda lo echa todo á perder: hablad aunque sea mal, pero hablad de seguida; desde el

primer dia es preciso ser dueño de sí mismo, y aunque se os deslice alguna tontería, no por eso os desconcerteis separándoos de vuestro objeto. *Comenzad, continuad y acabad*, aquí teneis otra regla de la *improvisacion*. Deteneos un minuto, un segundo si quereis, pero haced un todo completo sin solucion de continuidad. Habeis dicho las cosas mas bellas, pero habeis contraido una mala costumbre padeciendo una interrupcion en el discurso; vuestro espíritu ha estado tardo, ó no habeis tenido suficiente voluntad; una reprensible vergüenza os ha retenido; sois el juguete ya de vuestras distracciones. Precisamente en los principios, sobre todo, es cuando se ha de exigir del discípulo que se ejercite á la audacia contra sí mismo, contra su orgullo y sus pretensiones al talento. El conoce que una tontería está á punto de asomarse á sus labios, procura retenerla, teme pasar por un bestia y se calla, he aquí un dia aciago. ¿Si no sabe vencerse á sí mismo, sino se atreve á hacer un solecismo, cómo dejará de temer los sarcasmos de otro? No teneis que contestarme que no podreis resolveros nunca á pronunciar palabras al aire, sin órden, ilacion ni concierto, pues os responderé que cuando se trata de un juego, de una apuesta con vuestros amigos, ó de un ejercicio que vuestro maestro os propone, no sois tan reservado ni prudente. De consiguiente no es vuestra razon la que os retie-

ne , es el orgullo; temblais, os avergonzais con
la idea de que vais á hablar mal, ¿pero habeis hecho obligacion ó convenio de produciros bien?
Lo que sí me habeis prometido es que tendriais
el valor suficiente para hablar, aunque hablaseis
mal: nada parecia mas facil á vuestro juicio; pero el momento llega, tartamudeais y tropezais á
cada frase. ¿Es la razon, ó el orgullo el que os
retiene? Sois como aquellos cantores que pierden
la voz cuando los escuchan, ó como aquellas muchachas cuyo andar es natural y facil cuando estan solas, y tropiezan cuando las miran. De ningun modo me digais que no habeis recibido las
disposiciones de la naturaleza; ya que no teneis valor para hablar mal, no hablareis nunca bien; es-
tareis toda vuestra vida á merced del primero
que llegue, se os hará desrazonar en las ocasiones mas importantes; un juego de voces ó un
equívoco cualquiera, una risotada ó murmullo
malicioso os harán perder la cabeza: ya que sois
el esclavo de vuestra vanidad, sereis el esclavo de
todo el mundo. Ahí teneis un hombre que todo lo
sabe, poema épico, trajedia, poesías lijeras, etc.
pero un ignorante manifiesta mirarle como un
zote; desde este momento se pone furioso, monta
en cólera y se transforma en una bestia; ya no hay
agudeza en sus respuestas, este escritor tan ele-
gante y tan fino ha olvidado todas las conveniencias sociales, no dice mas que groseras injurias,

es la cólera que se exhala, padece ya distracciones, ha perdido su talento.

Recibida una vez la preocupacion de que no se debe hablar para decir necedades, no se puede improvisar en su lengua; pero pregunto otra vez, ¿se podrá aprender una lengua extranjera si no se resigna uno á hablar mal al principio?

Ejercitad pues á vuestros discípulos á hablar sin miedo desde el primer dia. ¿El principiante improvisador se averguenza de lo que dice? Perfectamente, tanto mejor; si tiene valor para continuar, todo está hecho y el suceso asegurado. Escelentes disposiciones para la improvisacion hay en este discípulo, porque tiene la inteligencia para conocer sus disparates, y la fuerza de carácter para no arredrarse y continuar su carrera. Un escritor anda á tientas, y halla al fin lo que quiere decir; un improvisador se abalanza á su objeto, le falta ó no acierta á expresarlo, vuelve á comenzar; el espíritu se acostumbra á hablar tan á prisa como se piensa, ó si se quiere, á pensar tan lentamente como habla. El pensamiento que es uno, es producido y completo al instante; pero el discurso, que es una sucesion de señales distintas y separadas, no puede deslizarse sino muy lentamente. El que no es dueño de suspender el torrente de sus pensamientos, no sabrá seguirlos con la palabra. Bajo este punto de vista todas las lenguas son igualmente á propósito para la improvisacion; el ejercicio es lo único que puede faltar. La lengua griega era mas acomodada para este objeto que la latina; con todo, Ciceron, Craso y otros muchos improvisaban en latin. Habia entonces maestros de improvisar, probablemente como lo son los maestros de la enseñanza universal; es decir, sugetos que dirigian y escuchaban á los discípulos animando sus esfuerzos. Hoy dia por el contrario, los maestros no sueñan mas que dificultades y obstáculos. De lo que menos se cuidan es de vuestra razon; nunca disputan sobre este punto importante, es siempre la facultad ó vuestra aptitud la que se contradice. La historia de la literatura está llena de nombres ilustres, que habrian permanecido en el olvido si nuestros grandes hombres hubiesen hecho aprecio del juicio que se formaba de ellos en su infancia. Dichosamente para las artes han despreciado el oróscopo, y han continuado su camino. En el tiempo de los antiguos se pensaba de diferente modo; el sabio era el que escuchaba la razon, esta era el punto de partida para todo el mundo, la máxima que todos profesaban, pues el sabio era propuesto como el único modelo. Se creia que la razon bastaba para aprenderlo todo, cuando habia la voluntad suficiente. Este es el sistema que nosotros seguimos, no admitimos escusas, no hay que decir: no podemos hacer esto ó aquello; es que no se quiere, es falta de voluntad solamente, pues teneis mas talento del que decís, y de ello estais bien persuadidos. Lo que teneis es mucha pereza, que tratais de encubrir con el manto de una modestia aparente; la verdadera modestia consiste en no ensoberbecerse de la posicion en que Dios nos ha colocado, en permanecer en los límites que él nos ha señalado, sin que nuestra vanidad se agote en esfuerzos inútiles para salir de ellos; no es modestia, es demencia no sentir la dignidad de los demás hombres, y no querer partir con ellos este beneficio de una inteligencia igual. Es solo una concesion de la pereza el oponernos á esta máxima. Aquellos seres que se consideran desgraciados por la naturaleza, no quieren sino pretestos para dispensarse de tal ó cual estudio que les desagrada, de tal ejercicio que les repugna. Quereis convenceros de ello, pues esperad un momento, dejarlos decir y esperad hasta el fin. Despues de la precaucion oratoria de este modesto personaje que, segun él, no tiene el talento poético, escuchad qué solidez de juicio se atribuye. ¡Qué perspicuidad le distingue! Nada se le escapa, si le dejais continuar, la metamórfosis se verificará al fin; y vereis la modestia trasformada en orgullo. Se reconoce la superioridad de los demás en un género, para hacer reconocer la suya en otro, y no es dificil de ver á la larga que nuestra superioridad acaba por ser á nuestros ojos la *superioridad su—*

perior. Se han convenido todos en llamar á esto modestia; yo me someteré á esta costumbre, pero diré por lo bajo: esta modestia no es una virtud, es el orgullo disfrazado. Si creeis que habeis nacido grande, no está el mérito en vosotros. ¿No sería una locura decir á un perro, yo tengo mas talento que tú?

Nosotros suponemos pues que todo hombre tiene el talento, y suponemos igualmente que todo hombre es improvisador nato. Veamos.

Una madre tierna ha visto á su único hijo partir para la guerra: le espera, le llora, y su hijo no vuelve durante mucho tiempo á pesar de sus votos. Dios oye al fin sus ruegos, y vuelve á ver al objeto de su ternura: su hijo entra, y ella esperimenta un sobresalto que no la permite hablar. ¿No piensa, no siente nada cuando reconoce las facciones de aquel que tanto ama? El corazon de su hijo late sobre su corazon que palpita. Esos prolongados abrazos, los transportes de un amor inquieto en el momento de la dicha, de un amor que parece temer una nueva separacion; esos ojos donde la alegría brilla en medio de las lágrimas; esa boca que sonrie para servir de intérprete al lenguaje equívoco del llanto; esos besos, esas miradas, esta actitud, estos suspiros, en fin, este mismo silencio; lo comprendeis, lo sabreis esplicar? Pues bien, esta buena madre lo ha dicho todo. Ensayaos á traducir lo que acabais de ver.

Es preciso ser un Homero para decirlo en griego,
Virgilio para expresarlo en latin, ó Racine para
esplicarlo en francés. Mas el mismo Homero, Virgilio y Racine no son mas que meros traducto-
res: el lenguaje arbitrario que tan bien han aprendido, prueba que son unos sabios, pero nunca
expresarán sino aproximadamente lo que el lenguaje natural les ha enseñado. La improvisacion
de los pensamientos y de los sentimientos es completa: Homero, Virgilio y Racine no pueden alcanzar esta perfeccion mas que como padres; pero ¡qué lejos lo estarían solo como poetas! En este sentido todos somos improvisadores, pues que
improvisamos cuando queremos; porque sería
gracioso que un hombre no pudiese aprender á
manifestar el nombre de lo que piensa y de lo que
siente. ¿Cómo no reflexionais que Racine no es bello, sino porque me hace pensar y sentir en lo
que de antemano habia pensado y sentido? La
contratraduccion que yo mismo hago, ó remi-
niscencia de lo que he sentido, es la verdadera
causa de la emocion que esperimento. Si yo no
comprendiese tan bien como Racine la ternura
maternal, los versos de Josabeth no me conmo-
verían, y si Racine conociese mejor que yo el corazon de una madre, perdería el tiempo que em-
please en manifestarme lo que habia leido en él;
porque yo no comprendería sus observaciones no
hallándolas en mis recuerdos, y por consiguiente

no podria conmoverme. Pero este gran poeta supone todo lo contrario: no se afana ni se toma
tanto trabajo, no borra una palabra, ni cambia
una expresion, sino porque espera que sus lectores lo comprenderán del mismo modo que el lo
ha comprendido. Cree que todos han visto lo que
él ha visto, pensado como él ha pensado, y sentido precisamente como ha sentido. Por su parte
se esfuerza en decirlo todo; mas una lengua artificial es imperfecta, se vale de un instrumento
defectuoso, porque es la obra de la inteligencia
humana: por lo tanto yo debo entrar en mí mismo, es preciso que recurra á mi propio jenio, al
jenio de todos los hombres para adivinar lo que
Racine quiso decir, lo que él diría como hombre,
lo que dice cuando no habla, lo que no puede
decir mientras no es mas que poeta.

  He aquí lo que cada uno piensa cuando lee á
Racine: mas estos goces puros nos parecen hechos para nosotros solos. Es un placer privile-
jiado que nos reservamos esclusivamente. ¿Sentís
como yo, conoceis el mérito de tal cosa, se pregunta con gravedad? Se admira, se cree á Racine, y se tiene razon. La locura está en la preten-
sion de que tenemos solos la inteligencia de una
lengua que todo el mundo puede aprender cuando quiera.

  Así es que se estasían delante de una pintura.
El ojo del pintor (dicen) vé cosas, que no percibe

el ojo vulgar. Error ridículo. ¡Qué! ha visto lo
que yo no he reparado, me lo presenta con su
pincel, y me recreo y complazco. ¿Pero cuál es
la causa de mi admiracion? Es porque ha imitado
muy al vivo la naturaleza, me contestareis. Pues
bien, os replicaré, vosotros conoceis tambien como él la naturaleza, conoceis todos sus detalles;
de otro modo os veríais obligados á confesar, que
admirais sin saber por qué como un ignorante; pero no es así, teneis el mismo ojo que David ó Rafael, porque habeis visto la naturaleza que ellos
imitan, y os la representais del mismo modo: mas
Rafael observa que mira, es decir, se dá cuenta á
sí mismo de lo que mira, aquí está su superioridad.
Se ensaya en hacerme una pintura de sus recuerdos, y á proporcion de su exactitud encuentro yo
su mérito, y mi complacencia en la comparacion
que hago con los mios. ¡Cuánto debería reirse
Vernet, cuando oia á un parisiense, que no habia
visto en su vida mas que las aguas del Sena, decidir de la verdad de una pintura en que se repre-
sentaba la naturaleza alterada, la mar embraveci-
da, iluminada por intervalos con la horrorosa luz
de los relámpagos, la pompa imponente, y el aparato terrible que envuelven á un buque combatido
por la tempestad! Mas un marino, testigo de un
naufrajio de que por milagro se ha librado, recordará todas estas escenas de horror, y viéndo-
las en su imajinacion como sucedieron, dirá para

sí mismo como Vernet. ¡Qué bueno es esto: pero cuán pobre es la lengua de la pintura! ¡Qué
poco hay en este lienzo en comparacion del
cielo que yo improviso en este momento: ¡cuánto
dista esta imitacion aunque sobresaliente de la
verdad que me estoy representando! Por este principio todos improvisamos; improvisamos cuando
leemos, cuando escribimos, cuando tocamos, y
cuando escuchamos. Cada uno de nuestros sentidos
nos suministra en un instante una infinidad de ideas
y de sensaciones que existen todas á la vez, sin
mezclarse, ni perjudicarse entre sí. Solo sobre el
papel es donde el pensamiento y el sentimiento se
estiende y debilita, dividiéndose por señales que
se aislan por su naturaleza, y no se reunen mas
que por el pensamiento que los liga á la unidad.
Cada arte tiene sus reglas que es preciso aprender: mas estas reglas son de convencion, y por eso
estan sujetas á mudanza. La música no es la naturaleza, no es mas que la imitacion segun los
hábitos variables con arreglo al tiempo y los lugares. Lulio era admirado, mientras era admirable; es decir, que acomodando sus signos de
música á los usos recibidos en su tiempo para la
armonía y melodía, lograba excitar las pasiones
de su auditorio. Querer juzgar del valor de sus
espresiones musicales por el efecto que produci-
rían hoy en nuestros oidos, sería querer juzgar
del mérito de una lengua por otra. Haced, segun

4

el tiempo, todo el uso que hacia Lulio ó Mozart de los signos, y llegareis igualmente á vuestro objeto.

Estas reflexiones tienen por blanco demostrar que *todo está en todo*: que se encuentran en todas partes modelos del arte, con tal que se sepan leer. Bossuet, por ejemplo, es á propósito siempre para ser imitado ó traducido, aun cuando trate de asuntos que os parezcan mas distantes del que os ocupa. Bossuet trasportaba su auditorio: luego tenia un talento superior: aquí teneis nuestra regla. Los hombres del tiempo de Luis XIV eran los mismos de hoy dia. Yo he visto mas de una vez el asombro de la juventud cuando la hablaba de Bossuet, cuando les leia alguna de esas pájinas donde la elocuencia está encubierta á nuestros ojos, por decirlo así, bajo un velo espeso, porque el objeto no nos parece igualmente suceptible de ser tratado elocuentemente. Yo conocia mi auditorio, nos diría Bossuet: le hacia derramar lágrimas, mas de una vez he sido interrumpido por sus suspiros. Creedme, si tuviese el honor de hablar delante de vosotros, haría palpitar cuando quisiese vuestro corazon, porque sé sondear sus mas ocultos pliegues, y penetro vuestros mas secretos pensamientos. Sé muy bien lo que es necesario decir para excitar aun el ardor de una juventud entusiasta, ó conmover su alma con la pintura de los sentimientos de honor, que la naturaleza ha

grabado en ella. Tomadme por modelo, traducid-
me, y vuestro discurso, adornado de todos los artificios oratorios que yo mismo tomé de Ciceron,
que tambien los habia copiado de Demóstenes, no
podrá menos de agradar. El pensamiento es el
que está siempre pronto, aprended á improvisar
su expresion.

DIFERENCIA DE LOS TRES GÉNEROS.

La improvisacion italiana es mas bien un entretenimiento sin ningun interés ni utilidad real. ¿Qué importa en efecto que se sepa improvisar en verso sobre un objeto cualquiera? ¿A qué puede servir en el comercio de la vida? Aquellos que tienen un gusto decidido por este ejercicio, no tienen necesidad de reglas, y cuando se hace una profesion de este talento, lo que la inclinacion ha comenzado por acaso, se halla bien pronto perfeccionado por la necesidad de vivir. Aquellos que no tienen mas que un deseo pasajero, una simple curiosidad de saber cómo el método se aplicará á esta especie de improvisacion, éstos pues tienen necesidad de guias y de sosten en su empresa. En general nuestro método no es tan ne-

cesario á aquellos que quieren fuertemente y
siempre, como á los que no quieren con tanto
ahinco; nuestro método como todos los métodos
del mundo no es bueno sino para la multitud que
obra como es necesario. Nosotros animamos á
nuestros discípulos: ¿qué mas podia hacer el mismo maestro de Ciceron?

He dicho que es preciso saber vencerse á sí
mismo: nadie duda de esta verdad, y todo el mundo sabe como yo que cuando se tiene miedo no se
puede improvisar, y añado tambien que todos
tenemos la facultad de ser maestros de nosotros
mismos.

Se vé por lo que precede que no quiero re-
gentar á nadie; quiero solo ayudar á los ignoran-
tes; pero los sabios se interponen entre ellos y
yo con una especie de furor. No hablo á ningun
pueblo; hablo á todo hombre que me quiera escuchar; que sea belga, inglés ó francés nada
me importa, es hombre, y si tiene necesidad de
mí esto me basta. Diré lo que sea necesario hacer
para improvisar en una lengua aunque yo no la
conozca.

Despues de haber hecho la esperiencia ó la
prueba de su valor para vencer una falsa verguenza, despues de estar asegurado de su docilidad, le diré: aprended un canto de un poema de
vuestro pais, tratad de referirle á los demás, haced
todos estos ejercicios con las reflexiones que ha-

beis leido mas arriba, vereis que si es uno músico cuando sabe con perfeccion seis sonatas y las comprende, tambien es poeta cuando sabe un canto de Homero y le comprende, es decir, cuando se ha comprobado que todo está en él, que lo encierra todo.

La esperiencia se está haciendo en el momento que escribo este. Si no se realizase, yo avisaré de ello á los maestros de la enseñanza universal, á fin de que no pierdan su tiempo en ensayos inútiles. Yo debo esperar la burla de los otros pueblos; todos se parecen. Los franceses no verán sin risa que por el método de la enseñanza universal un flamenco llega á hablar y escribir tan bien como ellos. Los pueblos son como los individuos, envidiosos y burlones los unos de los otros. Repiten con mucha seriedad que la *lengua francesa es buena para hablar á los hombres; la española para hablar con Dios, y la inglesa á los pájaros:* que sé yo que mas, pues he olvidado el resto. Cuando dos hombres se encuentran, se hacen mil cumplimientos, como si se creyesen iguales en inteligencia; pero si el uno de ellos se halla internado en el centro del pais del otro, ya no se tratan con tanta ceremonia, se abusa de su fuerza como de su razon; todo denota en el intruso un origen bárbaro; se le trata llanamente como á un idiota. Su pronunciacion hace desternillarse de risa, la estravagancia de sus visajes,

su aspecto, todo anuncia en él la especie bastarda
á que pertenece. Aquel es un pueblo basto, este
lijero y frívolo, aquel grosero, el otro fiero y altivo. En general un pueblo se cree de buena fé
superior á otro, y por poco que las pasiones se
mezclen, aquí teneis la guerra encendida, se ma-
tan sin compasion de una y otra parte, y sin
remordimientos, como si fuesen insectos. Cuanto
mas se mata mas gloria se alcanza, se hace pagar
tanto por cabeza, se pide una cruz si es un lugar el que se quema, una gran cruz si es una
ciudad segun la tarifa. ¿Y este tráfico de sangre
se llama amor de la patria? ¿Esta demencia no es
general? ¿Donde está, pues, ese pueblo que se
cree superior á los otros por solo la razon, por
solo la inteligencia? Hablais de amor á la patria,
y es al nombre de esa patria que os abalanzais
como bestias feroces sobre el pueblo vecino; y si
acaso os preguntan qué cosa es la patria, os de-
gollareis entre vosotros mismos antes de estar de
acuerdo sobre este punto. No hay duda que hay
una patria que es aquella que defendemos; no
hay patria cuando se la ataca, todo el mundo lo
sabe, me direis. Convenid que esto no se duda,
convenid que las disputas de superioridad de pueblo á pueblo son tan ridículas como las pretensiones de individuo á individuo, mas volvamos á
la enseñanza universal, no se crea que salgo de
este asunto; yo digo que todos los pueblos como

los individuos tienen una misma inteligencia; que
los pueblos se diferencian por las costumbres como los hombres por las acciones. El calumet de
los salvages, la pipa, el turbante, el traje talar
de los orientales, la almilla de seda por dentro ó
por fuera, la taberna ó el salon, son cosas diferentes; el hombre escoge entre todo esto lo que
mas le conviene, pero no le da ni quita inteligencia; su eleccion pertenece á la voluntad, y yo no
he dicho que los pueblos lo mismo que los hombres tenian la misma voluntad. Annibal amenaza
á Roma, los romanos prefirieron morir á entregarse, y se salvaron; los romanos por eso no tenian mas inteligencia que nosotros, pero hicieron
su gusto, obraron con arreglo á sus costumbres
y sus hábitos; otro pueblo en su lugar iría á la
comedia: cada uno tiene sus caprichos, pero la
inteligencia es la misma. Además bien sabeis que
yo no escribo para los pueblos; ellos son lo que
han sido y lo que serán siempre; hablo á cada
individuo, un individuo puede todo lo que quiere. He aquí el sistema de la enseñanza universal.
Es preciso sobre todo aplicar el método á las cosas útiles; hacer una tragedia de repente exige un
largo estudio; improvisar un pequeño cumplimiento en verso es un talento de sociedad, que
supone igualmente conocimientos adquiridos independientes de la inteligencia que todos tenemos;
mas estos talentos no tienen frecuentemente apli-

cacion, y no son tan útiles como la improvisacion en prosa.

Hay, pues, tres géneros en que se emplea la elocuencia; se propone alguna vez alabar ó vituperar, este es un mismo género que se llama demostrativo. Yo no sé por qué los retóricos no han hecho mas que un género de dos cosas tan diferentes; apenas se alaba mas que por fuerza ó superficialmente y como por cumplir; digo por fuerza, es decir, por obedecer á los usos y á las costumbres recibidas. Los académicos se han convenido en alabarse entre sí; pero se siente en sus composiciones literarias la violencia que se hace el que alaba; está igualmente recibido que estos discursos académicos no significan nada. Es un cumplido que se hace por rutina y de muy mala gana. El orador se halla embarazado en su papel, y cuando tiene la poca maña de cumplir á la letra la órden que se le ha dado, cuando no sabe diestramente sustituir un sugeto de su fantasía á aquel que se le ha encargado alabar, los susurros del auditorio le advierten que tiene demasiado escrúpulo. Un poco de superchería es útil en semejantes casos. Por lo demás se suele ser justo con el panejirista forzado, se le tiene en consideracion su condescendencia, cada uno se hace justicia, y conoce que en su lugar no podria hacerlo mejor. No está en el órden de la naturaleza que un hombre alabe á otro hombre sinceramente (1). En efecto cuando se cree en la diferencia de las intelijencias, cuando se está en la persuasion que el talento lo hace todo, no queda nada que alabar, y cuando la conviccion desmiente el elojio, no se puede alabar mas que á medias.

Se conocerá despues de estas reflexiones cuan dificil es hacer un elojio. No hay cosa mas facil, dice Sócrates, que alabar á los atenienses en presencia de los atenienses. Podria haber añadido: pero la empresa sería bien arriesgada en presencia de los lacedemonios. No hay ningun elojio que se pueda citar como obra maestra, pero sobre todo no hay coleccion ninguna de elojios que haya hecho jamás la reputacion de un gran es-

(1) La observacion de la punta de envidia que quiere dar á entender el autor, acompaña á todos los hombres cuando tratan de elojiar á otro, razon por la que dice no hay obra acabada en este género; no nos parece del todo exacta; reconocemos si desgraciadamente en el corazon humano cierta tendencia á no mirar con agrado las alabanzas agenas; pero esta torcida inclinacion se modera con los hábitos de nuestra educacion cristiana, que nos prescribe no solo mirar sin envidia las prosperidades del prójimo, sino amarle en ellas. En elogio de su observancia, tenemos obras perfectas que prueban cuan distantes estaban sus autores de esta vil pasion. El elojio del arquitecto don Ventura Rodriguez por nuestro D. Gaspar Melchor de Jovellanos puede citarse como el modelo mas perfecto en este género.

critor (1). Algunos poetas han llegado hasta no—
sotros con sátiras ninguno con elojios.

Mas en fin si queremos enseñar á improvisar
un elojio, haríamos estudiar la oracion fúnebre
de Enriqueta de Francia. Se vé que Bossuet ha
elejido esta proposicion oratoria: *Dios ha querido
la revolucion de Inglaterra.* Esto es lo que se trata de probar. El cuadro es basto, el espectáculo
es grande, el ejemplo es terrible, las consecuencias son horrorosas, los obstáculos renacen sin cesar, la virtud de Enriqueta parece por el pronto
allanarlo todo. Dios triunfa de los obstáculos. El
acontecimiento habia sido anunciado con anticipacion, esta siniestra prediccion nos espanta.

Nosotros harémos ver que los detalles de esta
bella composicion se hallan en todas partes, que
todos los elojios estan calcados sobre aquel, y que
él mismo se parece á todos los demás. La historia
de Inglaterra está escrita en cada palabra, sería
facil inventarla despues del discurso, y si uno se
engañase sobre los hechos precisos, no se podrian
imajinar otros mas análagos cuando se sabe leer.
Veamos pues cómo se debe leer.

_____

(1) Digo lo mismo con respecto á esta proposicion del autor,
de que ninguna obra de elojios ha hecho jamás la reputacion de
ningun escritor. La colecion de elojios de Mr. Thomas de la acade-
mia francesa, en mi humilde opinon, tiene mucho mérito; y el
mismo Bossuet y otros deben una gran parte de su gloria litera-
ria á esta clase de produ cciones.

Exordio. «*Aquel que reina en los cielos, de quien dependen todos los imperios, á quien solo pertenecen la gloria, la majestad y la independencia, es tambien el solo que se gloría de dar la ley á los reyes, de darles cuando le place grandes y terribles lecciones.*» Esto me hace conocer que Carlos no reina sino en un rincon de tierra, que su imperio no contiene sino algunos pequeños reinos : *solo* me hace conocer que su gloria se ha perdido, su independencia se halla destruida, su majestad violada : *se gloría de dar la ley*, me manifiesta que Dios habia amenazado en la escritura á aquellos que abandonasen su culto : *cuando le place*, me indica un acontecimiento impensado. La desobediencia era antigua, el castigo llega cuando casi se habia olvidado la causa.

Continuad así la lectura, y aprendereis cómo se debe escribir. Si yo no hallo los hechos y hechos análogos leyendo vuestro discurso, escuchando vuestra improvisacion, es lo mismo que si no hablarais. Esta regla es la misma para improvisar como para escribir. Es la marcha de Racine como es la de Bossuet. Racine ha dicho :

> Así al abrigo de aquilon furioso
> El tierno lirio, del amor emblema,
> Crece esmaltando la corriente amena
> Del arroyo que cruza el balle umbroso.

Bien veis pues que Joas ha estado secretamente educado en el templo, le habian instruido con máximas puras, y estaba al abrigo de los furores de Atalía, todo el mundo le amaba (1).

Cuando se han aprendido los discursos de Bossuet, se les repite sin cesar, se comprueban todos los demás, y se improvisa. Mas explicadnos, se nos dirá, ¿cómo se hace para improvisar? Se hace lo que acabo de decir: se aprende la lengua, se sabe un discurso, se le comprende, se comparan con él todos los demás, se estudia la historia de un hombre, y se abre la boca. Veis aquí el secreto. Mirabeau no tenia otro.

Vituperar es muy fácil, no es necesario para esto reglas particulares. Además, quien sabe elojiar lo sabe todo en el género demostrativo, porque Bossuet no ha dejado de vituperar á Enrique VIII y todas las sectas de Inglaterra. No os olvidareis de tener siempre una sátira preparada: esto dá variedad al discurso sin perjudicar á la

---

(1) Racine compuso una tragedia de gran mérito, obra maestra de poesía y patético. Atalía, hija de Achac y de Jekabel, se casó con Joram, rey de Judá; despues de la muerte de este príncipe, hizo matar todos los hijos que su hijo Ochasias habia dejado. Jocabed, hermana de este último, salvó á Joas que el gran sacerdote Jóiada hizo reconocer rey por los soldados y el pueblo. Atalía acudió al ruido de las fiestas y fué muerta por los soldados.

El autor alude en este pasaje á que preside el mismo pensamiento cuando Racine describe la flor al borde del arroyuelo, como cuando pinta á Joas retirado en el templo.

N. del E.

unidad, cuando el objeto de la crítica es elegido en
los hechos; la variedad proviene de los sentimientos diversos que nacen de la contemplacion
del mismo objeto. Bossuet sin salir de él excita
mi admiracion por el espectáculo imponente de
la omnipotencia de Dios, y mi horror por el retrato de Cronwell. Cambia continuamente de sentimientos, y habla sin cesar de la misma cosa que
me presenta siempre bajo un aspecto nuevo, y
con todo nada puede decir de nuevo. Aquí teneis
un singular problema, cuya solucion es bien fácil. El orador debe decir cosas nuevas, y ya no
hay nada nuevo: ved aquí la contradiccion aparente. Lo que Bossuet dice no es nuevo, pues la
historia es sabida de todos sus oyentes. Sus reflexiones no eran tampoco nuevas; todo el mundo se las habia hecho, pero eran inesperadas. No
es orador el que le adivina antes que él haya hablado; no es un músico aquel que haya acabado
mentalmente todas las frases armoniosas á medida
que otro las comienza. Aquel es orador que lleno
de su objeto escoje en la infinita variedad de sus
pensamientos aquellos que debe presentar, aquellos que es necesario poner en su órden, y reser-
var para el momento en el que el espectador distraido por lo que oye, no piensa en la semejanza
de reflexiones que hubiera hecho en cualquiera
otra circunstancia. Acostumbraos á no quedar
satisfechos de estas relaciones que saltan á prime-

ra vista; **profundizar** el objeto: **vuestros oyentes**
piensan como vosotros; lo que os ha chocado al
pronto, tambien á ellos les ha herido. Pero no les
agradan los pensamientos fáciles si no estan re-
vestidos de cierta novedad inesperada. Variad
vuestras combinaciones, escojed aquellas que
os hayan costado mas: el auditorio se admirará
sin aprender nada. El podrá decirlo como vosotros lo habeis hecho, y esta apariencia de novedad le agrada. Aquí teneis lo que yo llamo decir de nuevo, aunque no haya nada de nuevo.
Joas estaba como una tierna flor en el templo.
¿Quién no lo diría lo mismo? Decidlo en una circunstancia en que todo el mundo lo diría, esto se
llama sencillo, trivial; pero expresad esta idea
conocida con anticipacion en el momento en que
nadie pensaba en ello. Esto parecerá nuevo. No
puede haber una facultad particular para hablar
á propósito y poner en juego ó en su lugar lo que
es necesario decir. La facultad comun á todos los
hombres consiste en percibir relaciones; este talento se halla en todas las cabezas. La facultad
de aprender á comunicar por medio de señales
estas combinaciones de la inteligencia ha sido dada á todo el mundo. Juzgar del efecto que pro-
ducirá este desenvolvimiento sucesivo, segun el
lugar señalado á cada pensamiento, es aun la misma facultad. Se puede todo esto, pero es necesa_
rio querer, es necesario aguardar, cambiar, vol-

ver frecuentemente á lo mismo que por el pronto se habia borrado. En todas estas operaciones, en todas estas maniobras de la memoria, el genio no es mas que espectador; él juzga de las variadas figuras que le ofrece la memoria, como las que produce la linterna mágica, manejada por una mano extraña. Mi espíritu no aprende nada viendo una nueva combinacion que resulta de mis recuerdos ó de circunstancias independientes de mi voluntad. Yo me daba cuenta que sabia lo que acabo de escribir, como sabia lo que acabo de leer en Bossuet. Estas ideas estaban en mí, pero esparcidas, casi borradas, sin formar un todo. Tambien hay materias que repugnan á nuestras inclinaciones. De aquí nace, segun mi opinion, la causa del disgusto que esperimentamos en el estudio que la voluntad recibe con hastío. Ella está dispuesta siempre á romper sus cadenas; obligada á la paciencia, ejercitad vuestra memoria con repeticiones contínuas; no alcanzareis mas talento, pero ella escogerá sin trabajo lo mejor entre los objetos que se presentarán como naturalmente y por costumbre. La aptitud á la paciencia de que habla Buffon, se concibe muy bien en este sentido. Si teneis el gusto, la disposicion, la inclinacion ó el deseo, lo que para mí es lo mismo, hareis progresos por la voluntad que teneis, hareis todo lo que acabo de deciros sin que os lo mande. Si teneis muchos gustos, muchas disposiciones á la

vez, el suceso es mas incierto, es necesario vencer tan pronto una inclinacion, tan pronto otra;
este combate os distrae, no hareis progresos, y se
os declarará incapaz por falta de inteligencia; yo
aseguro que no pecais por tontería sino por floje-
dad: venced vuestras malas disposiciones, pues
para eso se os ha dado la razon como á todos
los demás. Ensayaos y vereis. ¿No podeis decidi-
ros á alabar? pues bien, arrojaos á la sátira. La
sátira, literariamente hablando, no es mas facil de
componer que el elojio. Si os burlais de mí cara á
cara, necesitareis un gran talento para hacerme
gustar de vuestras burlas y equívocos. Pero atacar
á un hombre ausente y ponerlo en ridículo, es cosa muy facil entre los burlones. Hablad siempre,
los que os escuchen estarán dispuestos á la indul-
gencia; en tratándose de sátira no se niega el talento á nadie. El leon solo se irrita de la coz del asno;
los otros animales no la hallan jamás mal aplicada.
Animo pues, en este caso no hay obstáculos que
vencer, se os acoge con gusto y se os sonrie;
tened cuidado solamente que esta benevolencia no
estimule demasiado vuestra vanidad; acaso podreis ir demasiado lejos. Este es el inconveniente
de la sátira. Bien conoceis que esta dificultad puede vencerse por la voluntad. Para el elojio las dificultades se presentan en un órden inverso. A la
primera palabra de vuestro exordio el auditorio
frunce las cejas si es poderoso, se hace el distrai-

do si es vuestro igual, y bosteza si hablais en una
asamblea; poco á poco vuestra voz se apaga, las
concesiones se siguen, retrocedeis en lugar de
abanzar, y acabais de dar la prueba de lo que no
ceso de repetir, que no es la inteligencia lo que
falta, sino la voluntad. Pues bien, segun el uso, no
alabeis nunca, vituperad siempre, y si deseais adquirir una grande facilidad en este género, la enseñanza universal puede aún seros muy útil. Estudiad una sátira, comparad todas las otras, no hallareis en ellas otra cosa que lo que habeis hecho
vosotros mismos, pues las combinaciones se ope-
ran facilmente, y os hareis satírico ó improvisador si os conviene.

En todo lo que digo sobre la improvisacion
supongo, como se vé, que el discípulo desea prin-
cipiar por adquirir este talento. Si en efecto se
trata de un discípulo que haya empezado sus
estudios bajo vuestra direccion, este sabe ya
un libro, no tiene mas que aprender, le falta só-
lo comprobar, y si tiene voluntad, el talento no
puede faltarle. Yo supongo que sabiendo á Telémaco, se tienen todos los materiales de una
oracion fúnebre como de una sátira. No se trata mas que de confrontar los estilos, las espresiones, y ver en qué se parece ó se diferencia
todo. Es una lengua comun con variedades, que
es necesario conocer; pero este conocimiento
no se adivina, se adquiere, son unos dialectos

que no es lícito inventar. No haya talento si
querois. Yo pretendo por lo demás, que todos
los materiales del elojio estan en Telémaco,
pero no estan mas que para nosotros, es decir,
para nuestra memoria; para los demás estan es-
parcidos, aislados, sin ilacion, como si no estu-
bieran.

La Eneyda está en Homero para Virjilio
que sabia á Homero, las trajedias de Racine
estan en Euripides para Racine, no para Racine
hombre de talento, sino para Racine que *sabia*
á Euripides, y que *referia* todas sus lecturas
á este solo poeta que estudiaba y comparaba sin
cesar.

Cuando se sabe un libro, la materia nunca falta, los pensamientos abundan, es necesario escojer y ponerlos en órden cuando se habla : he aquí
toda la dificultad.

Cada buena cualidad de un personaje de mi
libro puede desenvolverse hasta el infinito, pasando en revista todo lo que se hace y todo lo que
se dice en los libros, porque puedo aplicar con el
pensamiento á un personaje lo que pertenece á
otro : luego un elojio, mil elojios, están en Telémaco por piezas y por retazos : el reunirlo es
imposible á la gente del antiguo método que lo
leen todo : reunirlos con el libro en la mano es
obra de nuestros principiantes : presentarlos
cuando se quiera escribiendo, he aquí Racine, en

fin, decirlo á la primera interpelacion, he aquí la improvisacion. El principiante , Racine, y el improvisador marchan todos, segun nosotros, bajo una misma ruta : el camino es directo, es único; le sigue el que quiere, y puede hacerse sin maestro. Un maestro no es jamás necesario al hombre, pero es infinitamente útil, no solo á aquellos que quieren que se les pruebe que este camino conduciría al objeto, sino á aquellos que no habiendo nunca reflexionado, y no estando atormentados de la necesidad de reflexionar, se dejan conducir con docilidad, sin tener el valor ni la paciencia de caminar ó avanzar solos; tienen necesidad de un compañero que les distraiga de la fatiga y la incomodidad del viaje.

Si el hombre tiene la facultad de raciocinar sobre hechos, suponiéndole solo sobre la tierra, ¡qué hecho mas digno de su atencion que su semejante que reflexiona y le comunica sus reflexiones sobre hechos de que ellos son testigos al mismo tiempo! Los pensamientos del uno vienen á ser un nuevo objeto de pensamientos para el otro. Se ejercita á imitar el ejemplo que se le dá; y aun cuando la leccion del maestro no tuviese mas que esta ventaja, nada puede reemplazarla aun para los hombres de talento, si le hay en esto. El estudio del hombre es el mas útil de todos. No hay duda que Platon oyendo á Sócrates podia aprovechar mucho mas en una sola conversacion que nosotros leyendo á Platon. Pero oir no aprovecha sino mientras se oye y entiende (1).

La leccion oral es muy fujitiva: el libro queda allí, puedo abrirle cuando me parezca, en tanto que las palabras vuelan, y no pueden volverse á encontrar. Yo he dicho frecuentemente á mis oyentes: Mientras no hagais mas que oirme, nada aprendereis, ni aun me comprendereis; aunque tomeis notas, aunque recompongais el discurso que yo improviso, no basta, os perdereis en este laberinto: es un caos que la luz no ilumina para vosotros mas que á medias, y muchas veces quedareis enteramente á oscuras. Sin embargo, se obstinaban en venir á oirme de las ciudades veci-

---

(1) Quintiliano en sus instituciones manifiesta claramente que prefiere el leer al oir. Son sus palabras: «en los que leen es mas libre y acertado el juicio que en los que oyen, pues á estos por lo comun preocupa el afecto del orador, ó distraen las voces de los que le aplauden, en la lectura te detienes, no pasa como la voz, y puedes consultar y fijar en la memoria lo que te agrade. Así pues repitamos una y muchas veces la misma leccion; y al modo que mascamos y casi liquidamos los manjares para que con mayor facilidad se digieran, así la lectura se ha de tomar de memoria y se ha de proponer á la imitacion, no cruda sino bien desleida y meditada: esto se entiende solamente de los libros sobresalientes en cuya lectura debemos poner el mismo cuidado y atencion que si escribieramos, no contentándonos con examinarlos por partes, sino que leidos una vez, debemos volver á leerlos por entero, y reparar mucho en aquellas oraciones en que frecuentemente se hallan ocultas de intento muchas perfecciones y bellezas.»   N. del E.

nas: la afluencia era tan grande, que el curso ha cesado por falta de local para contener á los oyentes. Tal es el ascendiente de la improvisacion: el auditorio se lisonjea de seguir el curso de este rio que no se agota nunca. Se creia además ver en mis discursos la verdad mezclada con un no sé qué de nuevo y singular, como si hubiese algo nuevo. Esta última circunstancia, aunque falsa, me ha atraido muchos enemigos entre las jentes de pretensiones. En fin no pudiendo ser comprendido perfectamente, se ha interpretado con malignidad y calumniosamente lo que no se entendia. De aquí provino esa cólera contra mí, que tanto me hizo reir. Cuando improvisais no hagais como yo; haced la leccion como se acostumbra: no os entenderán, pero tampoco os criticarán. Con todo no renunciéis por eso á nuestra marcha: tened un libro comun entre vuestros discípulos y vos, sabedle todos, y hablad entonces cuanto queráis; ellos comprenderán todo lo que digais, lo retendrán sin pena, y caminarán siete veces mas aprisa que los otros. Si hubiéramos retenido todo lo que nos dijeron los diez ó doce discursistas sucesivos, que hemos oido hablar cuando éramos pequeños, seríamos mas sabios que nadie sobre la tierra. Pero otro tanto se llevó el viento, porque no habia nada de comun entre el profesor y nosotros. El andaba de rama en rama, y sus reflexiones no se concretaban á cosa fija en mi cabeza:

yo olvidé esta palabrería y él tambien: el nada
sabio de los sabios sería un profesor que hubiese
retenido todo lo que ha dicho, ó un autor que su-
piese todo lo que ha escrito. El medio de volver
los colejios útiles sería pues de introducir en ellos
la enseñanza universal, no habria que cambiar
nada en el personal. ¿Os reis de esta insinuacion?
no os dejais engañar de mi pequeña precaucion
oratoria ni yo tampoco. Vosotros sabeis que no
se me preguntará que es lo que se debe hacer, ni
yo me meteré á decirlo. Veis aquí por que decla-
ro que yo podria volver los colejios de Europa
mil veces mas útiles que lo son en la actualidad:
enfermo como lo estoy tendria una gran tarea que
llenar; pero yo no tengo tanto valor mas que porque estoy seguro que no me comprometo demasiado. Veis que acabo como Boyle por un rasgo
de sátira ¿sobre que cabeza caera? Decidid como
os acomode, yo digo segun mis principios que no
cae sobre nadie. La Europa es un ser abstracto
que no tiene ni pensamiento ni voluntad. La enseñanza universal en este sentido es un absurdo
como la monarquía universal. Yo no hablo pues
á los hombres mas que uno á uno y á medida que
conozco que me quieren escuchar; confieso sin
embargo con verguenza mia que no son numerosos. No ha venido hasta ahora sino un inglés
expresamente de Londres para aprovechar del
método seguido en Béljica. Si los franceses, los

alemanes, los españoles acudiesen á nuestras es-
cuelas, pudiera ser que hubiera por qué incomo-
darse, no siendo así hasta ahora, ¿por qué no nos
dejan enseñar en paz en nuestro desierto?

DE LA ELOCUENCIA DEL PULPITO.

La tribuna es un campo de batalla. El púlpito
es un trono desde donde el orador reina sin oposicion y sin partir su imperio con nadie. Habla á
un auditorio á quien no hace mas que desenvolver sus pensamientos. Se le obedece, y se tiene
gusto en obedecerle. Que reprima las pasiones ó
que estimule á la virtud, se le escucha con el mismo silencio respetuoso, y se recoje en el fondo
del corazon cada palabra que sale de su boca. Todo le distingue de la multitud que le rodea; lleva
un traje que le diferencia, y su presencia impone
un silencio universal. Colocado mas alto que la
asamblea, habla con una autoridad tanto mas imponente, cuanto el auditorio es mas numeroso.
¡Qué contraste tan sublime! Ved la debilidad del
que manda, y echad la vista sobre esa multitud
que escucha con los ojos bajos á un hombre que

no perdona ningun vicio, y no adula ninguna debilidad; que reprime y aun amenaza con la voz y su gesto á todo el concurso que le escucha. Este poder viene del cielo: los rayos de la voz del orador tan lejos de irritarnos nos edifican. No es un derecho el que ejerce; si así fuese se le impugnaría: es un deber sagrado que ejecuta. No es él quien nos amenaza ó fortifica, es Dios mismo que nos habla por su boca. A este sagrado nombre no sentimos mas que nuestra debilidad, y escuchamos con respeto. En vano nuestra conciencia confesaría en secreto la verdad de las palabras del orador; las pasiones sublevadas no escucharian la conciencia: la vanidad de cada uno no podria tolerar el orgullo de un semejante suyo que se permitiese darnos lecciones que él mismo tendria necesidad de recibir: una conducta ejemplar aun no le daria este derecho, pues nosotros sabríamos con arte transformar estas cualidades en vicios, y en lugar de obedecer, nos hariamos á nosotros mismos, y por la necesidad de nuestras pasiones, un deber de quitar la máscara á estas virtudes aparentes. El púlpito se convertiría en teatro, aplaudiríamos el talento, y despreciaríamos los consejos. Lo que la necesidad misma no alcanza de nosotros mas que con mucha dificultad, la creencia lo consigne sin esfuerzo. Se obedece al poder; los efectos de la fuerza se parecen á los de la conviccion: es necesario un ojo muy perspicaz para distinguir estas dos causas, tan diferentes. Mas un pueblo sumiso á la voz de un solo hombre sin armas, sin cortejo, sin poder, es un milagro que la conciencia no sabría hacer, y milagro que todos los dias se verifica por la fé.

El orador del púlpito es á la vez nuestro maestro sobre la tierra, nuestro intérprete cerca del Ser Supremo, nuestro regulador y nuestro guia: lleva nuestros votos y súplicas á los pies del Eterno: sus deseos son los nuestros: sus esperanzas las nuestras: él no consulta á nadie y su opinion es siempre la de todos sus oyentes: no busca sus sufragios; los tiene ya de antemano sin reserva, sin restriccion alguna: el pueblo está todo entero en su persona cuando levanta al cielo sus manos suplicantes. Todas las distinciones desaparecen, todas las convenciones sociales se olvidan: los hombres conservan en sus asambleas augustas su igualdad primitiva. Si alguna señal de desigualdad social se ofrece aún á los ojos superficiales en los edificios destinados á la piedad, hay momentos durante la oracion en que la presencia de Dios lo eclipsa todo, y llena las almas hasta el fondo. No es á la sociedad, es á los hombres á quienes aparece, y cuando el orador del púlpito conversa con sus oyentes sobre los misterios sagrados, no se trata ya de pueblos, de corporaciones, de derechos, de privilegios ni de pre-

tensiones; todo lo que le rodea desaparece; el
hombre solo permanece mudo en éxtasis delante del Criador; el orador no habla en su nombre
mas que á las criaturas. Tal es la posicion de un
improvisador sagrado; este es lugar sin duda de la
improvisacion. Tenemos muy bellos discursos en
este género; pero los mas hermosos pasajes no
producen jamás el efecto de la improvisacion. Es
necesario conformarse á las reglas, es decir, á los
usos admitidos en este género como en los otros
dos; se debe dividir el discurso en puntos, ó com-
ponerlo todo de una vez, segun el tiempo y los
lugares. Ninguna de estas convenciones puede
dañar al efecto. Se está acostumbrado á estas fórmulas, y la costumbre hace que no se piense en
ello. Los indiferentes ó los profanadores juzgan
estos discursos con el compás literario, y no se
conmueven; pero los fieles no piensan mas que
en las palabras, y se penetran de ellas. Con todo,
el que se atreviese á violar las reglas turbaría
la reunion por esta tentativa: aquí la sumision
á las reglas es una ley sagrada: el uso es un
deber, es una audacia condenable cambiarle sin
autorizacion superior, sin órden del jefe reconocido en igual caso; la lengua misma de la naturaleza, la lengua de los signos universalmente
comprendida en todo el globo, se altera por las
convenciones y por las leyes; querer mejorarla
es un crímen. Cambiar un gesto, limitarle,

darle mas extension con pretesto de expresar
con mas enerjía el respeto y la adoracion, en
fin, permitirse una expresion cualquiera no con-
sagrada por el uso es una profanacion.

Los cultos se diferencian, pues, sobre todo
por este lenguaje mudo. Los signos de los sentimientos de naturales que eran en un principio, se convirtieron poco á poco en arbitrarios,
y es un crímen cambiarlos. Los cultos se diferencian aún mas por las reglas del discurso.
Por un lado se permite toda la pompa oratoria.
Es una decoracion inútil sin duda en sí misma,
mas que se ha hecho necesaria por el uso. Por
otro, todo purismo debe estar proscrito, y el
lenguaje mas simple es el que se prefiere. En
estas reuniones religiosas todo estudio gramatical preliminar es inútil, y aquel que habla el
primero llega por esto solo á hacerse digno de
servir á todos los otros de intérprete y de órgano para con Dios, que parece haberle elegido entre los demás por la repentina inspiracion
que se ha dignado comunicarle.

Mas en todos los casos, es menos en los libros de literatura que en los hábitos autoriza-
dos donde es necesario tomar las reglas que
se deben seguir. Este género puede servir de
modelo á los otros, pero no se rige por ningun
ejemplo extraño.

Estudiad, pues, un discurso de esta especie,

y referid á él todos los otros. Por lo demás seguid para este estudio la marcha que os hemos trazado. No olvideis sobre todo el ejercicio de la traduccion. Guardaos de creer que yo os propongo una imitacion servil, y que vuestro talento no tenga nada que hacer. ¿Teneis á la vista un bello cuadro de un solo pensamiento de un gran orador? Escoged otro pensamiento. El orador ha sacado su reflexion, sus consecuencias, todos sus asertos, y todas sus pruebas de hechos históricos que él conocia y que su memoria le recordaba. El libro que habeis aprendido no es menos rico en hechos, y los veis todos al mismo tiempo; las reflexiones que os sugieran estos hechos son inagotables; vosotros teneis como este escritor la facultad de combinarlos. Aislaos por la meditacion de todo objeto extraño que pueda distraeros. Forzad, obligad vuestro espíritu á fijarse sobre uno de estos hechos, vuestra memoria os recordará todos los demás; comparad con cuidado empleando mucho tiempo y paciencia; volved á lo mismo sin cesar, y vuestra inteligencia encontrará un número infinito de relaciones, : de aquí sacará mil reflexiones que será necesario transmitir por la palabra, y habreis traducido al escritor: Este no es un maestro que debais seguir ciegamente, es un émulo que se trata de acompañar; su ejemplo no debe intimidaros; veis todo lo que un hombre puede sacar de un hecho el mas común; de la reflexion mas simple, conoceis vuestra tarea, ella es digna de vos, pero no es superior á vuestras fuerzas. Con todo antes de arrojaros así en esta lucha que os espanta, y en que creeis no alcanzar mas que confusion y verguenza, haced un ensayo preliminar; esta larga ampliacion del mismo pensamiento ¿por qué no la hareis vos mismo? Tomando del maestro todos sus pensamientos, por qué no los presentareis en otro órden? ¿En esto quién os puede detener, sino es la pereza ó el fastidio. Pues bien! contentaos por el pronto con invertir los párrafos. ¿No teneis el suficiente talento para cambiar el enlace necesario segun el órden del escritor, en otro enlace necesario segun la nueva combinacion que habeis sustituido? Si lé quereis verdaderamente, este ensayo es aprovechará despues de algunas tentativas, y su buen éxito contribuirá á animaros para que de esfuerzo en esfuerzo, de transposiciones en transposiciones, cambiando todas las ideas sin trastornarlas, llegueis á recomponer con los mismos materiales el mismo edificio bajo mil formas diferentes. Masillon ha dicho pintando la inquietud del ambicioso. «Un hombre entregado á la ambicion ¿se deja rechazar por las dificultades? El disimula, finge, fuerza su genio, y le somete á su pasion. Nacido fiero y orgulloso, se le vé con aire tímido y bajo, sobrellevar los caprichos de un ministro, merecer á trueque de vilezas la proteccion de un subalterno, y degradarse hasta querer ser deudor de su fortuna á la vanidad de un comisionado, ó á la avaricia de un esclavo: vivo y ardiente para el placer, consume tristemente en las antesalas y en la persecucion de los grandes muchos ratos que le procurarían en otra parte mil delicias: enemigo del trabajo y de la ocupacion, llena los empleos mas penosos, toma no solamente de su comodidad, sino de su sueño y de su salud con que poder cumplir con ellos: en fin, de un humor corto y económico se hace liberal y pródigo. Lo inunda todo de sus dones, y nada hay ni aun la afabilidad y consideracion de un criado que no sea el precio de sus generosidades.» ¿No sabreis decirlo de otro modo?

Así es como se debe enseñar la elocuencia del púlpito. Sin duda aquellos para los que el hecho es nuevo no pueden comprender esta esplicacion, que no se fijará en su cabeza sino con una atencion que no querrán concedernos. Pero continuaremos repitiendo la esperiencia que nos salió bien, sin tomarnos la pena de esplicar lo que no podemos decir con mas claridad. En general no se piensa que se hacen á la enseñanza universal objeciones, que por ser algunas veces opuestas de buena fé, no son por eso menos irreflexivas. ¿Qué cosa hay mas segura é infalible que el método seguido por los geómetras para

conducirnos á las aplicaciones de esta ciencia
tan útil á la sociedad? Con todo, si se recuerda
el tiempo en que se comenzó á entregar á este estudio, se verá que por el pronto no se conocia,
ningun objeto de utilidad á tantas proposiciones
y. pesquisas minuciosas. Cuando se inventó el
cálculo diferencial se atacó su posibilidad ; aún
hoy dia no se está de acuerdo sobre la exactitud
de las demostraciones sino estableciendo los primeros principios. Nada hay hasta la línea recta
de que se haya dado una definicion á gusto de
los metafísicos. Este es el gran caballo de batalla
de aquellos que no saben las matemáticas : si los
hubiésemos de creer no sabríamos nunca mas
que ellos, y la especie humana tendría aún que
preguntarles si es cierto que la línea recta es el
camino mas corto. Si Roll viviese, no cesaría de
repetir: demostradme que el cálculo diferencial
debe conducir al resultado que se apetece. Ya
veo que se llega á él; pero yo no me pondré á
un camino sin ver antes de mi salida que llegaré
con seguridad. La misma preocupacion tiene la
antigua educacion. Se nos habitua á ir de las reflexiones á los hechos. Se pide la definicion; los
principios de una cosa que no se ha visto. Se juzga de esta cosa por la idea que se forma segun
una descripcion siempre inexacta, y frecuentemente infiel, y no se piensa que en botánica, por
ejemplo, no es necesario aprender las plantas en

6

Linnéo , sino realizar á Linnéo observando las plantas.

Aún es mas facil esplicarse hablando que escribiendo, y si yo escribiese para el público, hace mucho tiempo que hubiese renunciado esta empresa: yo no tengo pues otro proyecto que recordar á mis discípulos el camino que han seguido, á fin de que puedan dirigir á los otros.

Los que deseen aprovecharse de la enseñanza universal, no crean pues que este libro pueda quitarles todas sus dudas, resolver todas sus objeciones, y esclarecer todas sus dificultades; pero que vengan á mí con confianza, yo tendré un placer en ayudarles. Solo poco á poco y en nuestros establecimientos donde la esperiencia se verifica repitiéndose todos los dias, se ilustrarán por los hechos mucho mejor que por mis palabras. Entonces seré enteramente inútil para todo como lo soy ya para muchos ramos de los conocimientos humanos, á los cuales he tenido ocasion de aplicar el método con todas sus consecuencias. Mientras llega este feliz resultado que todos pueden obtener como yo, haced exactamente lo que os digo, y lo que me habeis visto hacer á mí.

DEL ORADOR DE LA TRIBUNA.

La tribuna es un campo de batalla. El orador sagrado no lleva mas que palabras de paz y de caridad: calma los resentimientos, y apacigua la cólera y todas las demás pasiones. El orador profano no sube á la tribuna mas que para excitarlas: no busca sino la victoria que se le disputa. Combate, hace la guerra, quiere trastornar un partido que se opone á sus esfuerzos, todo es resistencia. Ni aun puede conseguir siempre que se le obedezca entre los suyos. Es un general cuyas tropas estan siempre prontas á sublevarse. Frecuentemente se le disputa la autoridad que se arroga, y se le abandona en lo mas fuerte de la batalla. Jamás está seguro de su partido, debe adularle y seducirle; es preciso que se haga agradable para que le sigan, y cuanto mas lisonjee á los suyos, tanto mas irrita á aquellos que debe combatir. Si la gloria de vencer no le pertenece toda entera, la verguenza de la derrota cae sobre su cabeza; se le abandona en el momento que es vencido, y su supremacía precaria depende solo del suceso; es un puesto de honor envidiado aun de aquellos que no son capaces de presentarse en él.

:

Es una dignidad á la que todos pretenden tener
un derecho igual, aunque no se atrevan á elevarse á ella. No la renuncian mas que temporalmen-
te, y de un momento á otro el primero que
llegue puede presentarse en el puesto del orador,
y con una palabra indiscreta alejar todas las esperanzas de la victoria: el triunfo estaba asegurado, la derrota es infalible. Nada se puede dirijir de una manera fija y estable en este reino
tan dividido, y que pasa sin cesar de unas manos
á otras. Si el puesto no ha sido tomado por asalto,
el menor descuido, la intervencion intempestiva
de un inesperto, destruye y desconcierta todas
las medidas. El jefe hábil vuelve á tomar en vano el mando; el momento ha pasado, la confianza
se ha perdido, el enemigo ha tomado ánimo, y
la victoria pasa á otras banderas. Tal es el resultado de esta clase de combates. Por lo tanto combatir no es razonar. La guerra gobierna el
mundo. Lo que ella decide quiere que se eje-
cute de buena fé; su fuerza pretende someter á la
misma razon, la mas pequeña observacion irrita
al vencedor: aun el solo silencio es un crímen.
Nada en efecto es mas insultante que el silencio.
El que calla se presenta con calma, parece desa-
probar con reflexion, y este ejemplo es mas con-
tajioso, porque tiene la apariencia de la razon, y
la razon es el enemigo irreconciliable de la fuerza
y de la violencia. El que no aprueba abiertamen-

te', se cree que desaprueba en secreto (1). El Taciturno no escapa al ojo penetrante del duque de Alva que queria obligarle á declararse por el despotismo de Felipe. El cuchillo entonces hace la ley (2), y aún en estas disensiones sangrientas cada uno se prevale de la razon: se invoca la ver-

---

(1) El Taciturno: este nombre se dió al príncipe Guillermo de Nassau, que representa un papel muy parecido al de Bruto en la historia de Holanda. Fué el que puesto al frente de los rebeldes de Flandes luchó con las fuerzas de Felipe II, consiguiendo libertar á su patria de la dominacion española.   *N. del E.*

(2) Alude el autor francés á la crueldad de caracter que los extranjeros atribuyen á nuestro duque de Alba D. Fernando Alvarez de Toledo. Sabida es la eterna cantinela de aquellos por las crueldades que dicen hemos cometido en los paises de nuestra dominacion, exajerándolas muy especialmente en la América, que enumeran prolijamente en particular Marmontell en su historia ó mas bien novela de los Incas del Perú. El duque de Alba tuvo necesariamente que emplear todo el rigor del mando en unos paises dispuestos siempre á sublevarse. La muerte de los condes de Egmont y de Horn acaso ahorró mucha sangre inocente. Su severidad era justa, igual é imparcial para todos; castigaba con el mismo rigor á los suyos, como lo verificó con un rejimiento de Cerdeña que incendió un pueblo, y faltó poco para que tambien castigase á su propio hijo que trató de atacar al enemigo sin su órden.

Nada hay sagrado en la historia para la envidia de otras naciones, que desfiguran á su antojo los mas bellos y heróicos caracteres, asignando como fin de sus brillantes acciones las causas mas bajas y despreciables. No hablo de las intrigas que al duque le suscitaron en la córte á la muerte de Cárlos V, y que produjeron su efecto en el ánimo suspicaz de su hijo Felipe II. Es una desgracia de los grandes hombres servir de pábulo á los juicios interesados ó parciales de la posteridad.   *N. del E.*

dad (1): de una parte y otra se levantan soldados, se marcha á la guerra, y la cuestion se decide con el hierro en la mano; el cañon procla-
ma la sentencia, el juicio está dado, y es necesario no solo someterse á él, sino reconocer su justicia; obedecer no basta, es preciso obedecer con
celo, con placer, con gusto, y confesar el error,
las faltas, los crímenes del partido vencido, pro-
clamar la razon, la bondad, las virtudes del
partido vencedor. Poco á poco se acostumbra á la
obediencia; se empieza por tener verguenza, y
por desembarazarse de este sentimiento que nos
humilla á nuestros propios ojos; se persuade que
es razonable celebrar á Agusto en verso, despues de haber llevado las armas contra Augusto.

Ni la guerra ni sus consecuencias tienen ninguna relacion con la razon. El duelo no es me-

_____

(1) Me veo precisado á confesar, para poner á cubierto mi opinion con el público, que el autor francés acaso abusa algunas veces
de la facultad de improvisar haciendo digresiones, cuyo enlace con
el asunto de que trata no se presenta á primera vista. Esto prueba
que cuando se acalora su vena, ó, como si dijéramos vulgarmente,
cuando suelta la taravilla, apenas sabe á donde vá á parar ó
en que terreno anda, si bien es cierto que al fin y al cabo vuelve á
su tema con una transicion mas ó menos fácil.

Sin duda hay imajinaciones que colocadas en una esfera muy ele-
vada ven objetos que no perciben los que estan en una rejion mas
baja. Pueden perdonárseles estas lijeras faltas, si lo son, en gracia de los buenos aciertos de que jeneralmente abundan.

N. del E.

nos ridículo que la guerra. El suceso del combate de 100.000 hombres no prueba nada. El due-
lista obedece á sus pasiones, y no razona. Matar
para otro no es mas demostrativo. El general que conserva su presencia de ánimo en medio
de un cuadro de infantería que acaba de romper,
y que manda herir de punta en lugar de dar de
plano ó golpes de corte, que derribarían heridos
sin matar, este hombre tiene valor, y esta sola
palabra herir de punta puede decidir la victoria,
y juzgar una grande cuestion, mas herir de punta no tiene ninguna conexion con la razon.

En estos momentos de horror es cuando el
amor de la patria es una virtud. Cuando se defiende su patria, no es por virtud, es por egois-
mo; no se obedece á la virtud, sino al instinto,
este es el caso de la propia defensa. La razon lo
autoriza en el hombre, pues no puede renunciar
su calidad de animal sin dejar de existir. Esta es
la razon que combina y dispone todos los medios
que empleamos para conservar nuestra vida que
se ataca: es un sentimiento que nos ocupa y nos
arrastra á pesar nuestro; no se trata ni de discusion ni de razonamientos, se trata solo de vivir.

Cuando la patria se lleva fuera, y nos conduce á los combates, ya nó hay un sentimiento natural que nos mande. Es un deber que cumpli-
mos, es el amor de la patria al que nos sacrifi-
camos, es un suicidio arriesgado que nos honra

porque la virtud lo aprueba y lo ordena. Ya no
son pues hombres, son ciudadanos que se expo-
nen por obedecer la ley. Sócrates combatia por
virtud en el sitio de Potidea; mas los desgraciados moradores no hacian mas que obedecer á la
ley de la naturaleza. Defenderse no es ni un deber ni virtud; aun cuando la sociedad no existie-
se, atacar á su semejante sería un crímen: ata-
carle en sociedad, es ultrajar á la vez las leyes
naturales y civiles. Asaltar la sociedad vecina
bajo las órdenes y la bandera del pueblo á que
uno pertenece, es hacer el sacrificio, y someter
su razon renunciando á ella; es acallar los sentimientos de la naturaleza por cumplir los deberes
que Dios mismo nos ha impuesto haciéndonos nacer sobre tal rincon de tierra mas bien que en
otro. Nuestros sentimientos dimanan de él lo mismo que la organizacion social. Como el individuo no existe sino para formar la especie, y no
la especie para el individuo, este debe sacrificarse por su patria: mas cumplir este deber es
la mas dificil y por consiguiente la mas noble de
las virtudes, porque no está fundada en la razon,
sino que es una ley superior á la razon. El pre-
cepto se limita á exponerla. Sacrificarse sin ninguna esperanza como Curcio, sería un esfuerzo
superior á la humanidad. De todo lo que nos rodea nada puede ser mas dificil de esplicar que este misterio de la sociedad; pero no se trata de

discutir, se debe, sin murmurar, obedecer á la
voluntad de la patria, y aun no basta obedecer:
la virtud es una accion, y esto es un esfuerzo.
Tratemos en este caso, si somos débiles, de dis-
traernos con la esperanza de las recompensas,
pensémos en la gloria todas las veces que el deseo de vivir se presenta á nuestro pensamiento;
pero cuando el momento ha pasado, cuando el
deber se ha llenado, entremos otra vez en la naturaleza, y volvamos á la razon. Este espectáculo no es menos bello que el de la virtud que se
inmola ella misma. ¿Hay alguna cosa mas tierna
que aquellos instantes de armisticio en que dos
ejércitos deponiendo las armas se confunden; en
que los soldados convertidos en hombres, olvidando la patria, se abrazan como hermanos, y
parece tratan de compensar por estos testimonios
de una amistad recíproca los males que se han
causado, y que aún se van á causar? Pero se separan á la primera señal, se miran con un ojo fe-
roz, y vuelven á despedazarse. El valor, la casualidad, una nada lo decide todo. Yo no puedo
menos de admirar en uno y otro bando tantos hé-
roes de la patria; pero me digo á mí mismo, que
todo este aparato nada tiene que ver con mi
razon.

Los oradores deciden igualmente de todo en
sus discusiones. Estas discusiones son ellas mismas unas guerras. Comienzan con ardor, conti-

muan con transportes, con accesos y gritos tumultuosos, en fin, se terminan alguna vez por
violencias. ¿Qué tiene de comun la fria razon con
tanto ruido? Con todo, la ley, esta regulatriz su-
prema de las acciones del ciudadano, se hace oir
del seno de esta tempestad, habla en medio de estos relámpagos y de estos truenos: yo la escucho
con respeto, y la obedezco sometiendo mi razon,
que no puede esplicar este nuevo misterio. Veis
aquí una virtud de ciudadano. No trateis de hacerme creer que es la razon la que ha hablado;
yo no he reconocido su voz. Bajo estas bases veamos lo que debe hacer un orador en la tribuna.

De las asambleas que ejercen un poder material.

En algunas repúblicas de la Grecia el pueblo
reunido reinaba sobre sí mismo. Las pasiones de
cada individuo le llenan de esperanzas, le lison-
jean con ilusiones engañosas para determinarle á
satisfacerlas. Los oradores usan de este mismo
lenguaje con este individuo moral que llaman
pueblo. Otras veces se le espanta presentando á
sus ojos el cuadro amenazante de las fuerzas de
un enemigo terrible; despues se le manifiesta que
puede ceder con honor, ó bien se exalta su valor
con la memoria de su gloria pasada. El recuerdo
de Maraton le despierta por algunos instantes.
Esquines es desterrado, y se declara la guerra;

Demóstenes triunfa, mas Filipo cuenta con la pereza, que es naturalmente durable; él sabe que
estos trasportes son pasajeros por naturaleza. El
éxito del orador es la obra del momento; alcanza un decreto como se toma un reducto; juzga
de lo que debe decirse segun los tiempos y los
lugares. Lo largo de los períodos, el órden literario, la elegancia, todas las cualidades del estilo no constituyen el mérito de semejante discurso. Acaso es una frase, una palabra, algunas veces un acento, un gesto el que ha despertado
ese pueblo dormido, y sublevado esa masa que
tiende siempre á volver á caer por su propio peso. En tanto que Manlio ha podido mostrar el Ca-
pitolio, un gesto le salvó. Desde que Focion po-
día alcanzar la ocasion de decir una frase, Demóstenes quedaba vencido. Mirabeau lo habia
comprendido bien; dirigia los movimientos, obligaba al reposo por frases y por palabras; se le
respondia en tres puntos, replicaba y aun discu-
tia largamente para cambiar poco á poco la disposicion de los ánimos; despues salia de repente
de los hábitos parlamentarios, y cerraba la discusion con una sola palabra. Por largo que sea
el discurso de un orador, no es su duracion, no
son sus ampliaciones las que dan la victoria: el
mas debil antagonista opondrá períodos á períodos, comentarios á comentarios. El orador es solo aquel que triunfa: el que ha pronunciado la

palabra, la *frase* que ha hecho inclinar la balanza. No hay nadie que alguna vez en la vida no haya tenido esta fortuna. Todos somos Demóstenes en este sentido; pero Demóstenes habia adquirido el talento de hacer á su voluntad lo que habia hecho mil veces sin saberlo. Observad estas asambleas que parecen hormiguear en brillantes oradores: son unos ganadores de batallas sin que ellos lo adviertan. No reflexionan sobre nada; no ven el efecto que ha producido tal dia una mirada, un gesto, una palabra, una oportunidad que se les ha escapado. Creen que no tienen la facultad natural, todos la tienen como ellos, y solo el arte es el que les falta adquirir. ¿Quién de nosotros no habla bien mentalmente y sin decir nada? ¿Quién no sabe leer para sí? ¿Cuál es el actor que dá á sus movimientos tanta gracia como tiene cuando juega ó se ensaya, y que no piensa mas que en sus gestos sin hacer ninguno? ¿Qué artista pone mas alma en sus cantos que yo cuando no canto? Sin embargo, no puedo hacer nada aun cuando imagino la perfeccion: es pues el arte el que me falta y no la inteligencia. Yo no tengo, como se ha dicho, una aptitud para el espíritu, tengo todo el espíritu, lo que me falta es el arte. La naturaleza me habla desde que empiezo á vivir; escucho y comprendo, aquí veis mi naturaleza. Siento mis necesidades, me afano por satisfacerlas, veo que lo he conseguido, y lo tengo muy presente para otro caso igual.

Lo que yo he hecho por casualidad, comienzo á hacerlo con designio y propósito deliberado, y cuando me acomoda: veis aquí el arte que no es mas que una adquisicion de la voluntad. Sucede con los oradores como con los niños: se forman en las asambleas como nosotros nos formamos en la vida; mil circunstancias se oponen al desenvolvimiento completo del talento; la necesidad cesa, y todo queda así paralizado. Aquel que por azar ha hecho reir á sus espensas en la última sesion, podrá aprender á hacer á otros reir siempre y cuando lo quiera, si estudia todas las relaciones que han ocasionado estos cuchicheos que le han desconcertado cerrándole la boca para siempre. Tal fué la primera arenga de Demóstenes; aprendió haciendo reir de sí mismo, como podia excitar las carcajadas contra Esquines. Pero Demóstenes no era perezoso, ni podia serlo. En las asambleas soberanas de que hablamos es necesario una pasion constante, un valor sostenido, una paciencia á toda prueba; se necesitan vigilias laboriosas para no dejar escapar el cetro que se ha usurpado, para no ser precipitado de ese trono vacilante por los esfuerzos de tantos competidores que lo asedian y combaten. Su posesion no se puede sostener sin sobresalto, todos la disputan con derecho igual: afortunada-

mente para el poseedor es preciso mucha actividad para conseguirlo, y sus rivales no pueden
ocuparlo sino por intervalos, y el orador sucede
perpetuamente á cada uno de ellos; y este derecho que vuelve sin cesar parece no haber sido
interrumpido. Los interruptores son demasiado
numerosos para que se les observe. Demóstenes
y Mirabeau parece que no dejan nunca su puesto: su nombre es el mas frecuentemente repeti-
do, y no se retienen mas que estos mismos nombres. Preguntadles de qué artificio se han valido
para volver á tomar el lugar que se les *habia*
quitado por casualidad, y qué arte ha empleado
para mantenerse en él algunos dias?

Es pues la constancia de la reflexion y del
trabajo quien lo consigue todo sobre la pereza
en estas asambleas tempestuosas donde se disputan ó donde se arrebatan los oyentes uno á uno,
porque cada oyente tiene su opinion; de la que
cambia algunas veces á cada minuto. Es preciso
conocer la de hoy, la del momento en que se habla, y esto se lee en los semblantes. Un orador
que no vé en una asamblea lo que piensa el oyente que está mas distante, de nada puede responder. Se complace en el sonreir aprobador de algunos que estan inmediatos, y no puede modificar sus palabras, porque no vé que irritan á los
que estan distantes, no percibe el sobrecejo que
asoma en sus frentes y que anuncia la tempestad.

Un grito de cólera le interrumpe y le sorprende;
este mismo grito puede serle favorable; pero esto es por casualidad, no es hijo del talento puesto que no lo tiene previsto. Frecuentemente la
pasion de uno solo se comunica poco á poco: esta pella de nieve se engruesa en su curso, se acerca y cae de improviso sobre la cabeza del orador
desconcertado, y lo aplasta. Aun en este caso no
es la inteligencia lo que le ha faltado. El efecto
terrible que produce de repente la esplosion de
la pasion de uno solo comunicada á toda una masa con la rapidez del rayo, este efecto es inevitable si no se habia previsto. Yo hablo siempre
de una asamblea compuesta de individuos aislados, y no de un cuerpo sobre el que gravita una
masa reunida de antemano en opiniones y prevenciones, y formando digámoslo así un peñasco
que nada pueda mover en un sentido inverso de
aquel hácia cuyo punto rueda: esta es una materia inerte y sin reflexion; será necesario dividir todos sus elementos antes de toda tentativa,
y la division es imposible. Desde luego todos los
artificios oratorios se reducen á una palabra. El
orador que dice ¡á la votacion! es el que habla
mejor. ¡Pues bien! este mismo ejemplo es aplicable á nuestros principios: porque el orador busca la victoria, y no otra cosa, porque él no tiene razon en todo esto. Procurad pues ir separando poco á poco algun trozo de la roca que lo

aplastaría todo en su caida, pero entre tanto decid: ¡á los votos! Supuesto que esa es la lengua del pais, y que no comprende otra cosa. ¡Cuántas circunstancias preciosas alguna vez se dejan escapar por una obstinacion mal entendida! ¡Qué golpe no se daría á esa masa de votos, si se la agrandase á propósito con algunos votos de más de nuestro partido! En resumen todo el mundo sabe esto, pero se conduce como si no lo supiera. Saber no es nada, obrar es todo. Ejercitaos pues á obrar; estudiad un discurso, uno solo, sabedle bien, y referid á él todos los demás; comparad sobre este modelo todo lo que se dice, comparad con esta unidad arbitraria todos los demás discursos de la misma especie, no aprendereis nada, pero adquirireis el arte de hacer cuando os acomode lo que habeis hecho mil veces sin notarlo, y por consiguiente sin utilidad para lo sucesivo.

Lo que tiene mas de particular es que se hace á cada instante lo que acabo de esplicar, y muchas veces cuando no era preciso, *olvidando* el artificio en el momento mas necesario. ¡Qué respetable sería el hombre si la razon obtuviese de él lo que la pereza le arrebata! Tenemos miedo, y gritamos ¡á la votacion! con los otros en el momento decisivo, en que sería necesario perecer primero que ceder: nosotros dejamos el puesto por ciertos escrúpulos de conciencia, y de

allí á pocos dias nos consideraríamos deshonrados
de gritar á los votos por un motivo aprobado por
la razon. Esta mitad de hombres que ceden ó re-
sisten en contrario sentido no son pues oradores.
Ignoran que se trata de una guerra: creen en las
proclamaciones, no tienen el valor de perecer en
su puesto, se avergonzarían de una estratajema
aunque les asegurase la victoria. El táctico y ar-
tificioso orador se rie de su delicadeza, por el
pronto la alaba y lisonjea, y despues que ha tomado el puesto le insulta por su imperfecta defensa cuya insuficiencia habia calculado.

Criminal si vencido sucumbiera,
El triunfo santifica su arrogancia.

Cesar sabia todo esto, y todo el mundo lo
sabe, mas Cesar obraba en consecuencia: con todo agregarse á un partido para mejor vencerle,
es una vil vajeza, esta picardía nos causa horror, esto es otra cuestion. ¿Qué importa que
tengais ó no horror? se trata de lo que sentís como hombre, yo no trato de lo que os dice vuestra razon. Si hubieseis nacido en Atenas,
sería una virtud, un deber que os impone la cualidad de ciudadano el combatir por la patria como se debe. Si vuestra posicion os permite
permanecer en una situacion tal sin manifestaros
en el campo de batalla ¿qué venis á hacer aquí?
¿Por qué entregar por razonamientos fuera de

7

razon los intereses cuya defensa teneis? ¿Por qué vais á la guerra como se vá á un salon? ¿Qué hay de comun entre las restricciones mentales, las consideraciones, la política recibida en *los círculos*, y los ardides de la guerra? Aquí el estratajema mismo es una virtud, porque expone la vida del que lo emplea: en el salon es el rasgo de un carácter vil y bajo. Creedme, volveos á vuestro rincon, y no os encargeis de los negocios de otro. Sed buen padre de familias, cuidad los intereses de vuestros hijos; pero sois muy perezoso para trabajar sin descanso en servir á la patria. La hora ha sonado, y no estais aún en el foro. ¿La hambre, el fastidio os hace salir antes de tiempo? habeis tomado un cargo superior á vuestras fuerzas. Se nos conduce al combate del sable, es preciso ir de nuestra voluntad al de la palabra. Esta virtud es mas penosa que la de la verdadera guerra, pues es preciso vencerse sin cesar, pero esta dificultad no proviene de falta de inteligencia.

Asambleas que ejercen un poder moral.

Desde que todo el pueblo no está en la asamblea, el poder de una reunion cualquiera no es mas que moral; la fuerza física no reside en ella, esta fuerza no es mas que auxiliar del cuerpo deliberante; ella le presta ó rehusa su apoyo; cesa de existir cuando ella le abandona á sí mismo.

El senado romano en lugar de mandar, mas bien
parecia suplicante sobre el monte Aventino. Esta potencia ficticia trae su origen de la opinion,
del temor del porvenir y del contentamiento de
lo presente. Quitad todos estos móviles, y ya no
existirá. Suprimid uno, y habrá combate sin victoria; es una ajitacion contínua, nada de reposo,
nada de dicha y tambien nada de esperanza. Suprimid dos de estos recursos, y amenazará una
revolucion; pero resta la esperanza de la vuelta
al antiguo órden de cosas que puede subsistir aún
con ciertas modificaciones nuevas para hacerle
soportable á los de la nueva opinion, sin quitarle
el respeto de que está rodeado segun los antiguos
principios. El establecimiento del tribunado no
destruyó el senado; pero es necesario mayor virtud á un patricio para obedecer los plebiscitos, que
á un plebeyo para someterse á los senados con-
sultos. Estos eran por parte del pueblo una antigua costumbre. Por otro lado cuanto mas se re-
concentra el poder mas natural es. Un hombre
tiene una voluntad, una masa no tiene mas que
la apariencia. Es preciso que esto sea muy conforme al órden natural de las cosas, porque desde la creacion las sociedades se reunen como
por instinto alrededor de uno solo. Que él sea
usurpador ó elejido, el hecho de la obediencia es
el mismo. Que haya revoluciones ó matanzas,
siempre es á la voz de un hombre que se agru-

pan, que se marcha, que se mata: y estos glóbulos aislados tienden como en un órden físico á aglomerarse en uno solo. Tal es la ley de la materia: es la misma para las masas de hombres. Esta gravitacion hácia un centro es universal. Es el hecho mas general en la historia de los hombres como en la historia natural. Ninguna partícula de la materia sabe que es atraida, el hombre lo sabe, y es el solo ser criado que lo sabe. Puede resistir por su voluntad, el peso de la masa le aplasta al pasar, este espectáculo espanta, y los demás ceden voluntariamente creyendo que obedecen á la razon mientras que no han tomado consejo mas que del miedo que hace desbarrar. Hay para estas asambleas una marcha fija de la que no se separan jamás. El que la ha adivinado, conoce de antemano el partido que se adoptará. Apius Claudio era el orador que comprendia mejor estos principios de inflexibilidad. Un jefe puede cambiar de opinion y hacer adoptar sucesivamente todas sus opiniones sin murmurar; él es hombre, y escucha tan pronto las pasiones, tan pronto la voz de la razon. Augusto cambiaba de conducta con las circunstancias. Un cuerpo es una masa que no obra mas que por pasion. Un senado solo podia fundar la monarquía universal: este estado contrario á la naturaleza debia disolverse cayendo en las manos de uno solo. Un senado tiene una tendencia determinada que no puede cambiar él mismo, y el orador que le empuja sobre la marcha que sigue y en el sentido de su marcha, vencerá siempre á los demás. Hay en las asambleas compuestas de esta manera una tendencia perpetua al esceso. Cuanto mas se exajera, tanto mas seguro se está del triunfo. Es precisamente el movimiento acelerado de una masa que grabita sin cesar hácia el mismo punto á pesar de todos los obstáculos: no os fieis de su reposo aparente: permanece en su lugar, pero tiende á la mutacion: se la detiene en su curso, se suspende su marcha, y aun se la dirige en sentido contrario si quereis; pero vuelve con nuevas fuerzas adquiridas en su retirada, y cuantos mas esfuerzos habeis hecho para hacerla retrogradar, tanto mas es preciso prepararos á nuevas sacudidas que necesitarán sin cesar nuevos obstáculos: pero todos estos diques se rompen al fin, y este rio lo arrastrará todo hasta que desborde. Ayudad pues á este desbordamiento: sufrid por el pronto la ley de la necesidad, ya que es necesario sufrirla un dia, y no os prepareis por pequeñas resistencias los males de la agonía que podeis evitar. ¡Qué sufrimiento para un senador teniendo que luchar contra la retórica de Apio en estas asambleas! Será vencido sin utilidad. Sed pues Apio cuando sea necesario serlo, es el solo medio de concluir prontamente. El monte Aventino hará lo demás. Se vé pues que en este caso

como en cualquier otro es necesario conocer al
hombre y conocerse á sí mismo. Todo el mundo
sabe esto, y no es la inteligencia la que falta. No
se mira, no se estudia, ó bien se olvida, que es
lo mismo que si no se hubiera aprendido. Estudiad pues un discurso de este género, uno solo,
y seguid el método en todo lo demás. Mas bien
veis que en todo este tumulto es necesario no
distraerse, ni por el miedo ni por otra pasion.
Sin duda que una pasion, el furor, la venganza
basta para dirijiros, y no teneis necesidad de leccion, mas una pasion no es un talento. Apio no
era orador mas que por casualidad. Menucio lo
era segun su voluntad, y cambiaba de tono cuando
le parecia. Veis aquí el imperio de sí mismo,
veis aquí la razon. Es necesario que el hombre
no renuncie á ella, aun cuando emplea la retórica. Si el objeto que se propone está de acuerdo
con la razon ó los sentimientos naturales que ella
aprueba, el talento adquirido se ennoblece, la
retórica se convierte en auxiliar de la verdad y merece vuestro reconocimiento. Si se trata de hacer
triunfar el error en nuestro interés, obedecemos
á nuestras pasiones, no tenemos mas que instinto, y en otras circunstancias nuestra incapacidad
se hace manifiesta, no tenemos recursos adquiridos para una necesidad imprevista. Parecemos
al animal, que hace perfectamente una cosa sin
poder hacer otra alguna.

Pero si se trata de vencer sus pasiones por
obedecer á las leyes que la sociedad nos impone,
si es necesario triunfar de nosotros para hacer
triunfar á otros, desde luego la misma razon que
no esplica como este sacrificio se exige de nosotros, esta razon que se somete sin exámen, es con
todo el solo recurso que nos queda para cumplir
bien tantos deberes sagrados aunque inesplicables;
ella es la que dirije al general en medio de la car-
nicería, es ese poder que seca las lágrimas en sus
ojos inflamados: que suspende segun su voluntad
el ejercicio de todos sus sentidos, y en medio de
los cadáveres no siente su ediondez: no es pues
una sensacion demasiado violenta que hace olvidar todas las demás, es una atencion concentrada
sobre un objeto que parece impide ver lo que es
necesario no mirar en aquel instante: pero esta
concentracion es voluntaria y mesurada: él lo vé
todo, pero no piensa sino en lo que le agradá, no
está arrastrado, por mas que sus movimientos sean
prontos como el rayo. Si se abandona es porque
es conveniente y es necesario. Se detiene cuando
quiere: tiene la actividad de la pasion mas desor-
denada; pero este trasporte del cuerpo no es mas
que una obediencia pasiva. ¿Qué tiene de extraño que la razon triunfe de las pasiones de otro
cuando ha tomado un imperio absoluto sobre nosotros mismos? Todo se hace por las pasiones,
bien lo sé; pero todo, aun las tonterías se harían

mejor por la razon. Veis aquí el principio único de la enseñanza universal. Todos los demás se deriban de él. Estudiad un libro y referid á él todos los demás; he aquí la regla única del método. El que la siga llegará mas pronto que cualquier otro. Aquel que quiera seguir esta regla, (porque el poder lo tiene todo el mundo) lo hará todo mejor que nosotros.

Asambleas que parece ejercen una parte del poder.

Esta clase de asambleas no tienen mas que una autoridad deribada. El senado de Trajano por ejemplo ejercia algunos antiguos derechos de los senados de la república romana, despues obstruidos de nuevo por un gran príncipe que había tenido verguenza de los escesos de sus predecesores. Trajano conocia la violencia de sus pasiones, y desconfiaba de ellas: contra él mismo era contra quien queria un senado: habia prohibido que se le obedeciera cuando estubiese tomado del vino: pero no veia que estas precauciones no le garantian sino á medias: hubiera hecho mejor en sostenerse con sus propios esfuerzos, que recurrir á tan frágiles apoyos. El deseaba ser alabado del bien que hacia como del mal que no hacia: estos elojios que se daba á sí mismo por la boca de los grandes, le defendian contra su propio corazon, si hubiese tenido la tentacion de faltar. Tenia el alma demasiado grande para no justificar la aprobacion que se da siempre anticipadamente en semejante caso. Entraba en el senado con toda la pompa que le rodeaba. El pueblo aplaudia con sus aclamaciones al vencedor de los Daccios cuando recorría las plazas públicas sobre el carro de triunfo; en el senado se celebraba su victoria sobre enemigos mas difíciles áun de vencer. Allí triunfaba de sus pasiones; y aunque esta victoria obtenida sobre sí mismo en su palacio fuese menos completa que la que hubiese conseguido en Pannonia, este triunfo era mas glorioso porque era mas raro, y porque aseguraba la dicha de los pueblos mas aun que los sucesos brillantes de batallas decisivas.

Con todo, en medio de una tal asamblea no hay mas que literatos, es un cuerpo académico, todo el tiempo se pasa en cumplidos verdaderos ó falsos, mesurados ó exagerados: el solo talento que se requiere consiste en dar al panegírico un aire de verosimilitud: las reglas precedentes bastan para esto. No hay combates que dar: todos estan de acuerdo, y basta alabar á Trajano: recurrid á lo que hemos dicho sobre el elojio: traducid á Bossuet. No os detengais por el título de oracion fúnebre; hay vivos á quienes se alaba en su presencia, y se les dice todo lo que se les hubiera de decir despues de su muerte si viniese á la idea hacer su elojio. Así hablaba Ciceron á

Cesar, y Cesar se dejaba engañar de las palabras elocuentes de Ciceron. Trajano no podia ser engañado por la retórica de Plinio, porque se conoce que Plinio obedecia á Trajano. Ciceron parece no obedecer sino á los movimientos de su corazon. Con todo Plinio no podia obedecer á Trajano, y Ciceron alimentaba contra el dictador un odio implacable. (1) Ha habido despues otro Trajano, y un nuevo panegirista. Este orador tenia igualmente un talento raro en este género; sus pequeños discursos son modelo de estilo, y superiores con mucho á todas las composiciones de su juventud: no amaba ni tampoco aborrecia. Lisonjeaba sin sentir nada; pero adulaba siempre con gracia, algunas veces con ciertas conveniencias calculadas, para dar al elojio estudiado el aire de la verdad pura. Pero ¡cuán distante está de Ciceron! Este disputaba delante de Cesar de las cualidades de Cesar, las comparaba, establecia preferencias; parece que se lo quitaba todo á su ídolo, que salia de sus manos mas brillante todavía que antes de las cualidades de que le habia despojado en apariencia: el otro admiraba sin restricciones. Ciceron hacia creer su amor: el otro no habia estudiado la lengua de este sentimiento: no supo hablarla cuando tuvo

_____

(1) Napoleon, Tayllarand.

necesidad de cambiar de lenguaje con las circunstancias. Infinitamente inferior á Ciceron, es superior á Plinio. Es cierto que tenia una ventaja que faltaba al panegirista latino. Trajano reinaba igualmente sobre todos: si los votos universales no eran del todo sinceros, al menos eran en el mismo grado. Puede que no fuese un sentimiento del corazon; pero la concesion era entera y unánime sobre todos los sabios. Plinio no decia sino lo que se repetia todos los dias. El otro orador debia observar el buen parecer, estaba obligado á reticencias; esta dificultad nueva es un objeto que no admite reticencias, y que no se adorna por lo ordinario sino con la exageracion, le ha impuesto un freno saludable; él se detuvo en los límites que le estaban prescritos, y los esfuerzos que debia hacer han servido á pulir y perfeccionar su estilo. Cuantos mas obstáculos encuentra la inteligencia, mas se esfuerza en vencerlos cuando se tiene el deseo de agradar. Por lo tanto no se trata en las asambleas de que hablamos sino de agradar. La dificultad no consiste sino en la voluntad del jefe, que es necesario lisonjear segun su gusto.

El gusto de Cesar no era el de Trajano. El senado de Augusto era de una completa nulidad. Esta constitucion se parecia á los pueriles juegos que se usan en la sociedad, ó mas bien á los de los niños en que el mayorcito dice á los demás:

yo haré de emperador y tribuno del pueblo, tendré todo el poder, y vosotros seréis el senado: tú serás qüestor y tú cónsul, y tú me arengarás; yo me llamo Octavio, pero me habeis de llamar *Augusto*, y así nos divertiremos mucho. La sola diferencia que habia era que los jueguecitos de Augusto no eran del todo inocentes. No se trata aquí de estudiar nada: todo el mundo sabe hacer parte en este juego. Se dirá acaso que Augusto era un gran hombre: yo lo sé muy bien. No tenia apenas 18 años cuando le pasó todo esto, lo que conduce á nuestro sistema. Augusto no era razonable, porque no sabia vencer todas sus pasiones; pero se daba el aire de ser dueño de sí mismo. Una sola pasion hacia callar á todas las demás; él ahorcaba cuando esta pasion lo ordenaba; perdonaba cuando ella se lo aconsejaba. Livia tenia miedo cuando le hablaba de clemencia, la que Augusto llamaba un consejo de mujer. El lo seguia algunas veces, porque la sed de reinar que sofocaba en Agamenon el amor filial hacia callar en Augusto el placer de la venganza. Así son casi todos los grandes hombres. En ellos es solo una pasion dominante la que obra únicamente. Este único móvil los lleva sin distraccion, y avanzan sin cesar hácia el objeto de sus deseos sin que las circunstancias les favorezcan. La mayor parte de los hombres tienen muchos deseos y gustos dife-

rentes. La voluntad vacila; vuelven atrás, y
siempre ajitados no adelantan nunca; pero la
intelijencia es la misma: es solo una pasion
única la que se necesita; pero pocas veces tenemos este medio de suceso. La razon sería aun
mas infalible; pero la razon falta siempre. Y es
porque se adoptan tácitamente los principios de
que no se reconocen hombres superiores entre los
contemporáneos. Por mas brillantes que sean los
talentos de un hombre, se les rebaja asignándole
una causa vergonzosa (1). Cuando se alababa á
Demóstenes á los atenienses respondian á este
pretendido milagro de la intelijencia humana
que todos sus bellos discursos olian á aceite, y
decian la verdad sin tener razon. Era la envidia

(1) Con tal estudio se disponia Demóstenes á la improvisacion,
que se decia comunmente que sus oraciones olian á candil, signifi-
cando por esta voz sus desvelos en componer la oracion; cuyo vulgar testimonio confirmó él soliendo decir: Que sentia mucho que algun herrero ó carpintero le ganase á trabajar mas de mañana. Y él
mismo preguntado de que manera babia adquirido tanto caudal de
elocuencia, respondió: gastando mas aceite que vino. Con esta pues
aplicacion y trabajo, logró llegar á obtener el mismo lugar entre los
oradores griegos que Ciceron entre los latinos; y aun él, como dice
Fábio, hizo al mismo Ciceron tan grande como es; á quien como escribe S. Gerónimo (ad Nepotianum. N. 8.) pertenece aquel bellísimo
elogio: Demóstenes te quitó que no fueses el primer orador, tú á él
que no fuese solo, y á uno y otro excitó un ardiente deseo de la gloria humana á conseguir con grande trabajo esta habilidad del orador.
Retórica de F. L. de Granada.

pasion baja pero perspicaz como todas las pasiones la que resolvia entonces el problema que nos escapa: hoy es una pequeña pasion que nos hace reir de lo íntimo del corazon de los atenienses envidiosos de Demóstenes. La razon concilia todo esto segun me parece. El talento de Demóstenes como todos los talentos estan en el aceite. Los atenienses tenian toda la inteligencia y el poder de comprar este aceite, pero no tenian la voluntad. Demóstenes era ambicioso, los atenienses envidiosos; lo uno no vale mas que lo otro, pero queda el talento que distingue á Demóstenes entre todos sus conciudadanos. Despues del conocimiento que tenemos de nuestro propio corazon, no podemos creer que un hombre se eleva sobre nosotros por la fuerza de la razon, queremos mas imaginar una causa oculta; diremos voluntariamente toda virtud dimana del vicio. El suceso solo no es una prueba de razon, porque una pasion basta para obtenerle. Esto es verdad, mas lo que yo admiro en los grandes hombres es el poder de la inteligencia humana, aun cuando sea el ministro de nuestras pasiones. Lo que me admiraría mas sería un buen resultado sin mezcla obtenida por la razon. El hombre que no escuchase mas que esta, sería grande por esto solo; no tendría la pasion de brillar que hace tan grandes cosas, tendría el sentimiento de su dignidad. Sin orgullo como sin envidia, no despreciaría los favoritos de los reyes, ni los de la fortuna, lo vería todo con ojo de calma, aun la sinrazon. Esta no sería un espectáculo nuevo para él, se acordaría que habia sido mil veces presa de sus pasiones. Nos conocería á todos; pero el mismo seria un enigma para el mayor número de nosotros. El hombre conoce al niño porque lo ha sido; pero el niño no conoce al hombre. El de que tratamos nos seria superior por la voluntad, pero quedaría nuestro igual por la inteligencia. ¿Habia hombres de esta especie en el senado de Augusto? ¿Por qué no? En este caso la metamórfosis de Octavio no les hubiera admirado: no estaban irritados, gozaban de los frutos del nuevo tallo injerto en este árbol sin recuerdos amargos, sin una admiracion insensata. El gran Condé lloraba de admiracion cuando veía la clemencia de Augusto.

(1) Este rasgo prueba mas en favor del admira-

_____

(1) El gran Condé que tenia la edad de 20 años cuando asistió á la primera representacion de *Cinna*, derramó lágrimas al escuchar la clemencia de Augusto en estas palabras:

Se suis maitre de moi, comme de l' univers,
Se le suis, je veux l' etre. ¡O siecles! ¡O memoire!
Conservez á jamais ma nouvelle victoire.
Je triomphe aujourd' hui du plus juste courroux
De qui le souvenir puisse aller jusqu' á vous.
Sayons amis, Cinna; c' est moiqui t' en convie:

Estas eran sin duda las lágrimas de un héroe: Corneille, haciendo llorar al gran Condé ha creado una época célebre en la historia del espíritu humano. El teatro francés habia llegado al colmo de su gloria.   *N. del E.*

dor que del clemente. Condé como todos los militares tenia franqueza y lealtad, se dejaba llevar
á la desobediencia por humor, se irritaba de un
castigo injusto como un muchacho del castigo que
no ha merecido. Así es como Condé se hizo
conspirador por despique. Es hecho, desde este
momento toda la historia de Francia ha cambiado. Pero dichosamente para la Francia este pequeño capricho no era una pasion. Condé era un
grande hombre. Condé no tenia la pasion de Augusto, no podia pues comprender su lenguaje.
Creyó oir la voz de la razon que es tranquila en
medio de aun tempestad política, y dijo: soy dueño
de mí: á esta voz que le recordaba lo que habia
hecho, lo que pudo hacer, vertia lágrimas. Las
lágrimas del gran Condé han hecho como se sabe
la fortuna del papel de Augusto en Cinna (1).

---

(1) Cneïus Cornelius Cinna fué convencido de haber conspirado
contra Augusto, que le perdonó á ruegos de la emperatriz Livia.
Despues de haberle reprendido el emperador su ingratitud le con-
cedió la dignidad de cónsul; y esta generosidad le obligó tanto,
que fué despues uno de sus mas ardientes partidarios. Autores contemporáneos nada hablan de semejante generosidad, y Suetonio
que menciona todas las conspiraciones contra Augusto, pasa en silencio esta que debia llamarle la atencion, como que á Cinna le
habia valido un consulado en premio de la mas negra perfidia. Fundado sin duda en este silencio M. Voltaire, que tiene por prurito
negarlo todo, y mas si es bueno y generoso, se rie de esta magnani-
midad de Augusto como si fuese incapaz de tenerla. Pero de cual-

Los primeros oyentes distraídos por los gritos de Emilio, no oyeron á Augusto, aunque todos tuviesen bastante inteligencia para comprenderle. De cualquiera manera yo soy dueño de mí conduce á todo. En las artes, en las ciencias; en la guerra como en la tribuna, en el senado de Augusto como en el de Trajano, el que no es dueño de sí mismo, no será nada sino por el azar de las circunstancias. Cuando Augusto era dueño de sí mismo hacia la felicidad del mundo aunque no obedecia á su razon. Un simple senador, el mas razonable de todos, no podia trabajar sino para su propia dicha. Veis aquí por qué la razon en ciertos casos no es tan útil á los pueblos como las pasiones; veis aquí por qué es interés de la sociedad recompensarlas; se les anima porque hay necesidad de ellas á falta de una cosa mejor. Todo el senado no podia hacer tanto bien á los romanos como una sola palabra de Augusto. Pero todas las asambleas de la especie de que tratamos no estan embarazadas en su marcha como las de Augusto y Trajano. Las hay que estan revestidas de un poder moral independiente de aquel que gobierna. El

---

quier modo esta conspiracion verdadera ó supuesta sirvió de argumento al gran Corneille para componer acaso la mejor de sus trajedias. A su argumento es á lo que se refiere el autor en este pasaje, que parecerá tal vez oscuro sino se tiene presente.

N. del E.

8

senado de Cesar estaba en este caso. Tal estado es precario por su naturaleza. Se trata de saber si el senado derribará á Cesar, ó si él mismo será derribado ó encadenado; pero mientras se espera el resultado sea el que quiera, no hay tribuna. En las asambleas del primer órden, como en Atenas, un orador no tiene superior fuera, y no tiene sino iguales en el foro. Aquí por el contrario los oradores estan ligados por los deberes que cada uno tiene que cumplir. Todo es objeto de contestacion en el foro. Allí por el contrario hay máximas sagradas é incontrastables. Discutir sobre los derechos de Cesar, no sería emitir una opinion, sería hablar como un conspirador. En las asambleas de esta especie la guerra se cambia en juego, es una corrida de caballos en que todo estaba arreglado de antemano.

De las formas.

Las formas son convenciones. Este lenguaje que nadie puede adivinar ha de ser conocido del orador. Cuanto mas arbitrario é independiente es de la razon, mas depende de él el orador; una falta contra esta gramática fabricada al azar es imperdonable; escita la risa ó la indignacion. Las mas sagradas de estas reglas son aquellas que la asamblea no ha hecho.

En efecto es preciso respetar la costumbre

en estas reuniones. Las hay en que nada debe asegurarse sin ciertas salvedades, y la frase tan socorrida *de en mi humilde opinion digo que....* es una precaucion oratoria muy necesaria. Las verdades mas incontrastables sufrirán una contradiccion, si no van sometidas á la fórmula de etiqueta. Las academias literarias son sobre todo escrupulosas en este punto. Aquí el modo hace mas que la esencia, y una pequeña omision en la forma es una falta grave. Aún hay mas. Un gran número de frases y palabras que en su orígen eran inocentes, y no significaban otra cosa que lo que sonaban, han llegado á tener un sentido malicioso. Las costumbres y hábitos de la sociedad han unido á algunas locuciones cierta idea de lubricidad, y creado un lenguaje metafórico, que, aunque oculto y oscuro para las personas sencillas, es bien significativo para los que por una especie de convenio mútuo han logrado introducirle. Sin duda que esto es una fatalidad de los tiempos modernos, y el orador no ha de ser responsable de semejantes equívocos ó interpretaciones; pero debe evitarlos en cuanto de él dependa, sustituyendo palabras exentas de este defecto. Por eso el orador debe haber frecuentado los círculos de la sociedad, y tener conocimiento del mundo.

Aún se hará mas notable esta falta en la parte material, pues hay jestos y ademanes que en determinadas ocasiones manifiestan poco respeto al auditorio, y un completo olvido del decoro público. Hay movimientos del brazo ó de la mano y cierto tecléo de dedos con los botones del chaleco, ó del frac, que pueden atraer el ridículo sobre un orador dotado por otra parte de brillantes cualidades.

De la edad.

Para asegurar la pureza de este lenguaje impuesto se deben tomar todas las precauciones imaginables. El orador parece debiera ser *viejo*, se trata de un idioma que no se aprende bien sino en la vejez.

Un orador que ha presenciado toda clase de revoluciones, que ha atravesado por tantas crísis, que habló en nombre de la soberanía del pueblo, que despues ha formado parte de una oligarquía, y que en una restauracion dirijió sus felicitaciones y arengas á la monarquía; en una palabra, que no ignora ningun idioma de los que se han usado, debe poseer las frases mas propias y los jiros mas adecuados á la situacion que se presuponga. Al primer golpe de vista debe conocer el efecto de sus discursos, y cambiar ó modificar su tema segun convenga á su objeto y á las circunstancias del momento. Su constante esperiencia es un arsenal de donde sacará toda clase de armas; conocerá las que son mas propias de la

defensa, como las que convienen mejor al ataque. Un orador viejo lleva una gran ventaja, que
es la calma y sangre fria con que recibe las em-
bestidas del enemigo: acostumbrado al fuego tiene la imperturbabilidad de la costumbre del peligro: es un veterano que no empeña nunca batallas campales si no está seguro de la victoria: para él los trances mas arriesgados son solo esca-
ramuzas en, que no compromete todas sus fuerzas: está tranquilo en medio de la mayor confusion, porque sabe que es mas el ruido de la
mosquetería y el humo de la pólvora, que el es-
trago verdadero, y si alguna vez carga á la
bayoneta es en la seguridad de contar con buenas reservas y escogidas posiciones. Además
tiene el prestigio moral de los grandes capita-
nes; se está acostumbrado á respetarle, y todos suponen que al empeñar un ataque, no lo hace desprevenido, y sin contar con buenas tropas de
refresco. Por el contrario si es jóven, se le cree
arrastrado por el ardor de la sangre; que se em-
peñará temerariamente y sin conocimiento del terreno: que no ha calculado los obstáculos y que
comprometerá involuntariamente á sus parciales
por el esceso de su arrojo. Tienen confianza en
su valor para ganar la batalla, pero no cuentan
con su prudencia para aprovecharse de la derrota. Es un soldado que se adelanta demasiado á sus
compañeros con peligro de quedar prisionero en

una emboscada. Ellos le siguen con recelo, y presienten el peligro. Con todo en una carga de caballería es donde se nota su ascendiente; y para atraer al enemigo á la posicion que se desea, es de la mayor utilidad su decision y arrojo. Así pues el orador jóven es muy necesario en un partido de minoría, siempre pronto á pedir esplicaciones al gobierno de los actos que no le agradan, ó que no son conformes con sus ideas, tiene además una actividad incansable para atraer á sus compañeros uno á uno á las banderas en que milita, aumentando su número de una manera imponente. Para una interpelacion no hay otro, arrostrará la ira, ó el enojo de los corifeos contrarios con la misma serenidad que si discutiera con el último contendente sobre un asunto cualquiera. Esta ventaja no puede negársele, y compensa en gran parte lo que se ha dicho en contrario.

De la riqueza.

Se prefiere el orador rico al que no lo es. La riqueza ni es un mérito ni un demérito, pero se cree hallar en ella una garantía.

Seguramente que el rico se halla menos expuesto á la seduccion del interés. Libre de los cuidados que ocasiona el afan de proporcionar la subsistencia de una familia, puede entregarse con ardor al sosten de la causa que defiende. Los intrigantes y agiotistas se detendrán á una respetuosa distancia, sin atreverse á dirigirle asechanzas que serían repelidas con indignacion.

Tendrán que tocar resortes de otra especie, y aunque fuese cierto, como decia un gran hombre, que todos tenemos una parte vulnerable con tal que se sepa hallar, nunca será tan facil su acceso, como el que ofrece una situacion estrecha y angustiosa. En este caso el soborno llamará á su puerta arrogante y altivo en la seguridad de tener buena acogida, y cuanto mas grave sea la herida que cause á su reputacion, tanto mas confiará en la impunidad y en el secreto. ¿Y cómo podrémos esperar tranquilamente en la probidad de quien solo goza una subsistencia precaria y mezquina? ¿Acaso cuando encomendamos nuestros negocios lo hacemos á personas desvalidas y sin garantías?

De la posicion social.

Si el orador pertenece á la clase de empleado del gobierno, se cree que aboga por el aumento de sueldo; cualquiera concesion que haga parece un tributo, ó un sacrificio que hace á su seguridad. Si es propietario, trabaja por la rebaja de contribuciones; si representa una provincia en que abundan los granos, la exportacion de harinas está continuamente en sus labios, querrá la disminucion de derechos, y se figurará que la felicidad del estado está cifrada en solo este ramo de industria. No se cuidará de saber si el aceite está sobrecargado, ó si hay un notable desnivel en la balanza general. Así son los hombres, se aferran á sus intereses, y olvidan completamente los agenos.

Por eso la independencia es una cualidad muy esencial. Elevado el orador sobre los que le escuchan, tendrá todas las ventajas de la posicion, y sin pretenderlo aparecerá grande y respetable. Tan cierto es esto, como la diferencia notable que se advierte en el lenguaje de un *mismo sugeto* segun que se encuentra en la prosperidad ó en el abatimiento. Desde un puesto eminente notamos siempre la holgura y desembarazo con que se expresan los mismos hombres á quienes antes de su elevacion no habríamos concedido esas dotes, y esto nos demuestra que la primera circunstancia del orador es dominar al auditorio mostrando que es independiente, y que no está precisado á guardar consideraciones con ningun partido.

Estas grandes cuestiones y otras mil de la misma naturaleza que se discuten seriamente en estas asambleas son susceptibles de ampliaciones infinitas en favor y en contra. La esperiencia se hizo muchas veces. *Sí* y *nó* se ha dicho alternativamente, no solamente por partidos diferentes, sino tambien por la misma faccion, y siempre con la misma seguridad, la misma dignidad, ó el mismo furor. Aquí como en Atenás es solo la retórica y no la razon la que habla por la boca de los oradores. Esto supuesto, el método es el mismo para las variedades, las especies y los géneros de asambleas. Basta en todos los casos saber un discurso y referir á él todos los otros. Escogemos á Mirabeau y sabremos refutarlo desde que le hemos comprendido bien, y cualquier otro orador podrá seguramente servirnos de modelo, porque todos siguen exactamente la misma ruta. Cada uno de ellos siente su debilidad, y trata de buscar un apoyo en la fuerza material ó moral. El talento consiste en encubrir esta marcha al vulgo, y persuadirle que se habla con razon: nosotros ya hemos dicho que todo el edificio social estaba fuera de la razon, por consiguiente razonar para defenderlo ó atacarlo, es hablar al aire, es querer esplicar un misterio: todo el tiempo se pasará en discusiones y disputas que no prueban ni esplican nada, y como estas disputas son combates, y el éxito de un combate depende de la destreza y la fuerza, y no de la razon del combatiente, no se trata pues en último analisis mas que de aprender á desrazonar en tal ó cual sentido. Esto es lo que la pasion hace á las mil maravillas y con una apariencia de buena fé y de razon que sorprende y persuade frecuentemente; pero pretendo que en esta guerra como en todos los géneros de guerras, cuando el deber nos conduce á ella, y que debemos batirnos por obediencia y virtud por sumision á la órden que Dios ha establecido y que no podemos comprender, cuando en fin la razon lo quiere en este sentido, pretende pues que ella aún es la que debe conseguir la victoria. La razon calmada, la meditacion destituida de todo interés personal juzga de aquello que conviene decir, y el sofisma el mas seductor, el mas verosimil, será siempre la obra de aquel que sabe mejor lo que es un sofisma. El que conozca la línea recta, se separa lo que es menester, cuando es menester y nunca demasiado. La pasion, cualquiera superioridad que nos dé, puede deslumbrarse ella misma, porque al cabo es una pasion, La razon lo vé todo como es; se muestra ó se oculta á los ojos, en tanto que lo cree conveniente ni mucho ni poco; pero cuando se trata sobre todo de dos oradores á la vez, aquel que dirija la pasion, sentirá que es reconocido: se turbará, y esta distraccion no puede menos de dañar al desenvolvimiento de su talento cualquiera que sea.

Sed siempre *dueños de vosotros mismos* en estas batallas: esta es la principal regla de la improvisacion. La inteligencia no falta nunca: es solo la voluntad la que nos abandona. Aquellos que creen que es necesario una pasion para darnos la voluntad, deben de ser conducidos á concluir de esta opinion que los hombres se diferencian en intelijencia. En efecto, no se juzga de la inteligencia mas que por los efectos, luego casi siempre una pasion, una disposicion, un gusto dominante es la causa de nuestros talentos y de nuestros sucesos; y supuesto que todos los hombres difieren en gustos é inclinaciones, es como si se diferenciáran por la inteligencia. No se pone atencion en que la razon nos ha sido dada precisamente para vencer todas nuestras pasiones, y hacernos capaces de todos los esfuerzos necesarios para hacer lo que queremos con ahinco, todo lo que debemos querer. Cuando la patria llama á un hombre debe tener la facultad de llenar el deber que se le impone: es del todo preciso que tenga la inteligencia suficiente para aprender á llenarlo: la órden se ha dado frecuentemente al azar, pero esto no puede ser de otro modo: ¿se ha cumplido con negligencia, se desprecia alguna vez bajo pretesto de la dificultad de cumplirla bien? Pero en este caso es un individuo que se escusa; y si escuchais sus razones renunciais á la razon, no admitis la moralidad de las acciones humanas. Si ha podido rehusar el puesto, ¿por qué le ha aceptado? Si su deber era de permanecer en él, ¿por qué no ha perecido primero que dejar de defenderle? Los valientes nos dan este ejemplo todos los dias. Se puede verdaderamente no tener todos los conocimientos necesarios para desempeñar bien las funciones de ciudadano, pero se pueden adquirir; el amor del poder hace que se soliciten todos los puestos : el amor á la gloria nos hace capaces de llenarlos dignamente. Luculo pidió el generalato sin saber la guerra, y la sabia cuando llegó á Asia; *la habia aprendido en el camino.* Si no hubiese tenido mas que el deseo del mando, no hubiera sido mas que general. ¿Las pasiones nos harán á propósito para todo, y la razon para nada? ¿No podremos llegar á las artes, á las ciencias, á los talentos, á la gloria mas que por medio de las pasiones? ¿Y la razon, la inteligencia que puede conducirnos á la virtud no puede hacer lo que se consigue con las pasiones, cuya violencia reprueba? Nada puede ser dificil para aquel que sabe vencerse á sí mismo. Pero yo supongo que el orador esté en una posicion en que la razon decida que debe hablar y no callar, pues hay circunstancias en que todo se reduce á un movimiento del cuerpo que se levanta y se sienta como por resorte : desde luego el método es inútil; en este caso no hay necesidad de estudios preliminares, y siempre se está dispuesto para las asambleas en que este balanceo maquinal es bastante.

El conocimiento de las leyes sobre las elecciones, de la influencia ejercitada por afuera ó en las provincias, etc., etc., todo esto es necesario conocerlo. Los hechos no se pueden adivinar. Es preciso aprenderlos y comprenderlos antes de hablar. Frecuentemente un orador no ha-

bla para los que estan presentes, es pues preciso
que conozca las disposiciones de los ausentes:
casi siempre se hace ilusion bajo este aspecto;
pero no es la inteligencia la que falta, es la pasion que nos estravía. Todos sus conocimientos
preliminares son inmensos para adquirirlos por el
antiguo método: para nosotros es un puro juego:
lo sabemos todo de antemano, todo está en nuestros libros, no hay mas que cambiar los nombres.

DE LA ELOCUENCIA MILITAR.

Este me parece el lugar mas á propósito para decir algo de la elocuencia militar. No hay elocuencia militar propiamente hablando; es mas, no la ha habido nunca. Las arengas peinadas que se hallan en las historias de las guerras antiguas han sido compuestas muy despacio despues de los sucesos: ni era posible que fuese de otro modo: el ardor de una batalla, los preparativos que la preceden, todo dá á la imajinacion un calor febril, y comunica al corazon un tono de fuerza convulsiva, muy propia para producir una palabra, una frase arrogante, capaz de estimular el valor, pero no para componer una oracion ó arenga retórica. Además ¿quién podria oirla entre la confusion y el ruido de los combatientes? Cuando el valor suplia al número, cuando á la calidad y al nacimiento estaba esencialmente unida la fuerza, y cuando no se podia ser noble ni caballero sin poseer estas cualidades: entonces no habia mas que mostrar su penacho blanco pa-

ra que todos le siguiesen en el camino del honor
y la gloria (1). A esto se reducia la elocuencia.
El soldado no atiende á las palabras, mira al semblante; si su jefe se halla sereno, si observa que
sus órdenes y movimientos son calmados y refle-
xivos, si le recuerda que cuatro veces le condu-
jo á la victoria, está seguro de vencer tambien
la quinta. Los jestos, la actitud, la marcialidad
del jefe, esta es su oratoria. Ejército del Rin,
vamos á empezar la campaña. Ejército de
los Pirineos, has merecido bien de la patria.
Estas son escelentes proclamas. Hay tambien
otra elocuencia noble, caballeresca, como si
dijésemos de sangre real. Nada hay semejante
á este lenguaje elevado que usan los príncipes, y
que los demás no sabrian imitar. Como todo lo
ven á una distancia conveniente, como nada ob-
servan superior á ellos, se acostumbran á tratar
los negocios con cierta graciosa dignidad que los
engrandece: la prontitud de sus dichos, la espontánea oportunidad de sus réplicas nos sorprende
y seduce; si queremos analizar, si aplicamos las
reglas de un severo examen, desaparecerán sin
duda, su mérito pues solo queda en nuestra ima-

---

(1) Célebre dicho de Enrique IV de Borbon en la batalla
de Ivri.

jiacion herida, es un suave perfume que el ambiente se lleva, ó una preciosa momia ejipcia que el contacto del aire reduce á polvo. El pueblo no gusta de este lenguaje, que digo el pueblo, los literatos mismos no le comprenden, porque no sienten como ellos. Es preciso haber nacido en su círculo, tener los hábitos de su educacion y las maneras elevadas con que se expresan: «vencerá el que yo auxilíe.» ¿Qué mas podia decir Enrique VIII á sus competidores en los torneos de Ardrés? ved de qué modo se despide Carlos V de su hijo al hacer su abdicacion. «Si no os dejára, por mi muerte, le dice, mas que esta rica herencia que he acrecentado tanto, debierais algun tributo á mi memoria; mas cuando os resigno lo que aun hubiera podido conservar, tengo derecho á esperar de vos el mas profundo agradecimiento; sin embargo os eximo de él, y miraré vuestro amor á vuestros súbditos, y vuestro desvelo para hacerlos felices como las mas fuertes pruebas de vuestro reconocimiento. A vos toca justificar la señal extraordinaria que os doy ahora de mi afecto paterno, y mostraros digno de la confianza que hago de vuestra cordura. Conservad un respeto inviolable á la religion: mantened la fé católica en toda su pureza; no intenteis nada contra los derechos y privilejios de vuestros súbditos; y si jamás llega un tiempo en que deseis gozar, cual yo, de la tranquilidad de una vida par-

ticular ¡ojalá que tengais un hijo que merezca
por sus virtudes que vos le renuncies el cetro
con igual satisfaccion que yo pruebo en cedéros-
le! ¿Podria otro que no fuese el mismo Carlos V
hablar así en tales circunstancias?

DE LA ELOCUENCIA DEL FORO.

Un pequeño número de personas se destinan
á la tribuna; pero el foro es una profesion que se
ejerce por toda la tierra en favor del oprimido,
que es necesario defender contra los ataques que
se renuevan sin cesar á cada instante. La sociedad se ha reunido para convenirse acerca de los
derechos y deberes de cada miembro. Todas las
instituciones sociales fueron establecidas para
obligarnos á cumplir nuestros deberes, y para
asegurarnos el ejercicio de nuestros derechos.
Estos deberes y estos derechos son unas convenciones sociales lo mismo que las lenguas, y varian
de un pueblo á otro, lo que hace, segun la expresion de Pascal, que la justicia sea complaciente á
los ojos de la razon, porque cambia de dictamen
segun los tiempos y los lugares. La obediencia que
debemos á esta justicia civil es todavía un misterio de la sociedad. La misma ley lo reconce así;
la cosa juzgada no es la verdad, dice; pero debeis
conformaros con ella como si fuese la misma verdad. El juez como el legislador puede engañarse;

la ley, la disposicion ó sentencia no son lecciones de razonamiento, son obligaciones que se os imponen: no se trata de someter vuestra razon, sino vuestras acciones: el pensamiento de un hombre es independiente del de otro hombre; pero los movimientos del cuerpo estan arreglados en el órden social por una voluntad extraña: el cuerpo social se compone de un cuerpo de hombres que se mueve no por la razon de cada uno de ellos sino por las razones de convencion que nada tienen de comun con la razon, porque esta no cambia, y aquestas otras razones se diferencian de un polo á otro. Aun cuando estas razones arbitrarias estén de acuerdo con la razon universal, ellas son otra cosa distinta que ella, porque aquellas no deriban su poder de esta conformidad pasajera que no es debida mas que á la casualidad. No basta arreglar sus acciones segun las leyes, es preciso aun decir en ciertos casos que son la obra de la razon.

El derecho romano no es ciertamente la razon escrita (por ejemplo) para los chinos; pero es una razon escrita que se supone la razon sobre algunas partes del globo. Mientras que no se hace mas que pensar uno es hombre: desde que se habla se hace uno ciudadano, y todas las palabras deben estar en armonía con la palabra de la sociedad, que arregla todo lo que pertenece á lo físico. La mas ligera discordancia, la mas pequeña cacofonía, es castigado severamente, y yo digo mas que debe castigarse.

Lo que hacemos, lo que decimos tanto en la barra como en la tribuna, como en la guerra, está pues reglado por suposiciones: todo es ficcion, nada hay mas que la conciencia y la razon de cada uno que sea invariable. Además el estado de la sociedad está fundado sobre estos principios. Si el hombre obedeciese á la razon, las leyes, los magistrados, todo sería inútil: pero las pasiones le arrastran: se subleva y se le castiga de una manera bien humillante. Cada uno de nosotros se halla forzado á buscar un apoyo en el uno contra el otro. En esta dura necesidad que el hombre se ha creado por su culpa, no debe quejarse de obedecer á las razones de otro, supuesto que no quiere seguir en su ruta invariable al guia infalible que le ha sido dado para conducirle. No le queda mas que caminar á ciegas y segun las órdenes cuyo espíritu no siempre percibe, y que muchas veces se contradice. Si halla en esta infinidad de leyes una anomalía que le detiene, ya no es su razon quien debe resolver la dificultad, el caso ha sido previsto, otro que él debe decidir, y su decision es creida irrecusable. Es evidente que desde el momento en que los hombres se constituyen en sociedad para buscar proteccion los unos contra los otros esta necesidad recíproca anuncia una enagenacion de razon que no promete ningun

resultado razonable. ¿Qué puede hacer mejor la
sociedad qué encadenarnos al estado desgraciado
á que nos ofrecemos nosotros mismos? En Roma
el hombre que habia nacido libre, y que se ven-
dia por la intervencion de una tercera persona per-
dia sus derechos á la libertad.—El sacrificio una
vez consumado era irrevocable. En vano sentia
el arrepentimiento, en vano su razon se subleva-
ba contra las leyes cuyos efectos debia sufrir: la
sociedad descansaba entera en el sostenimiento de
los derechos del hombre que acababa de comprar
otro hombre: las fórmulas sociales se habian observado en la adquisicion: esta razon superior en
el estado social á la razon misma imponia silencio al vendido.

Platon ha dicho que los hombres serían felices si los reyes fueran filósofos, ó los filósofos reyes. Esto es falso. Un rey filósofo, ó un filósofo
rey, hace parte de la sociedad que impone sus
leyes aun á aquel que reina. No hay tanta diferencia como se cree entre las organizaciones sociales en cuanto á sus efectos para el bien de los
pueblos. El pueblo, es decir, el mayor número,
no toma parte alguna en estas discusiones oscuras que no comprende y que nunca querrá comprender. Soy yo simple individuo quien tengo
necesidad por mi interés particular que tal
rey sea filósofo, ó tal filósofo sea rey: yo
creo ver mi felicidad en este cambio, y me per-

suado facilmente que veo el bien público. Pero estas dichas diferentes, al juzgar de cada una, son como las razones diferentes; no son pues la dicha, como estas no son la razon. No hay mas que una razon, y no siendo ella quien organizó el órden social, no puede existir en él la dicha. Haced todas las constituciones que se os antoje, no por eso hareis la dicha de la sociedad. Soy de una opinion, tengo preferencias sin duda, pero solo es como ciudadano que subo á la tribuna á sostenerlas: tambien he estado en la guerra, y hubiera querido poder destruir toda la armada enemiga; cualquier ciudadano lo haría si pudiese; pero la razon se calla en semejantes momentos. El interés es solo quien se escucha; no hay hombres de una ni de otra parte, no hay mas que soldados y ciudadanos, se hace su deber sin duda, esto es una virtud; pero estas virtudes no serían necesarias si fuésemos razonables. No lo somos, ni lo seremos nunca (1). De aqui dimana el órden social cuya naturaleza nadie puede

(1) El autor va consiguiente con su modo de pensar de que el edificio social está fundado en la falta de razon. Esto es conforme hasta cierto punto con lo que nos enseña nuestra santa relijion de que el hombre es un ser dejenerado. Si fuese cual el Criador le formó en su origen antes del pecado, ¿para qué se necesitaban leyes, á qué la organizacion social?

N. del E.

cambiar. Leed la historia de un pueblo, es la misma que la de otro pueblo: la filosofía nada puede sobre este órden inmutable que no dimana de la razon sino de las necesidades que el defecto de razon ha hecho nacer, y esto sucederá siempre.

El abogado es en la sociedad un ciudadano encargado de una mision honrosa, el puesto eminente que ocupa por sus talentos y su probidad llama sobre él las miradas de la multitud. Es el defensor de todos los que tienen necesidad de proteccion en la desgracia; nunca está encargado de acusar ni perseguir; sus funciones son un patrocinio. La sociedad le permite defendernos contra ella misma y contra sus mas augustos funcionarios; inundados en un diluvio de leyes, ignoramos con frecuencia nuestros deberes, y cuando la sociedad quiere castigar nuestra ignorancia entonces, para salvarnos de sus rigores, el abogado se aplica á desembrollar el caós en que no podríamos menos de perdernos. Para escusar nuestras faltas, y justificar nuestras intenciones se entrega sin descanso á un trabajo penoso. Es el solo intercesor que nos queda en los momentos en que la sociedad irritada se arma toda entera contra un solo hombre; es el consolador y el consejo del acusado. El desgraciado reo separado del resto de los hombres no halla mas apoyo que en el abogado que representa él solo su familia, que recibe sus temores y sus esperanzas. ¿A quién con-

ñarse en una posición en que todos nos abandonan.
El pobre, cuya indijencia agrava mas su desgracia, no tiene muchas veces el recurso de escojer
él mismo su defensor: la sociedad le designa uno,
y aunque lo elíje al acaso en una corporacion numerosa, esta clase está siempre compuesta de
hombres de bien, y la casualidad misma no puede menos de encontrar en ella mas que celo, honor, abnegacion y prudencia. Es acaso el solo cuerpo en la sociedad en que la traicion no tenga
ejemplo. Ninguna consideracion separa al abogado del sendero del honor; en los momentos mas
difíciles, cuando la sociedad parece decidida de
antemano á condenar, y que hace un crímen al abogado del cumplimiento de un deber sagrado, rara
vez se ha visto rehusar el puesto de honor para
que se le habia elejido, jamás, y este espectáculo
hace honor á la humanidad, jamás uno solo se ha
convertido cobardemente en ministro ni cómplice
de los furores de la sociedad dispuesta á des-
truirse con sus propias manos violando las pro-
mesas mas sagradas. El honor de los abogados
es acaso el honor puro y sin tacha sobre la tierra. En todas partes se halla sinceridad ó falsedad,
fidelidad ó perfidia. Mas ved aquí un órden que
aunque disperso en todas partes en corporaciones, la traicion es desconocida. Esta es su naturaleza. Tal hombre será susceptible de una debilidad, y se dejará llevar á una accion ruin, que

será incapaz de cometer en el ejercicio de sus funciones como abogado.

Cuando la vida de un ciudadano no está amenazada, y que solo hay que protegerle en la posesion de sus bienes, la obligacion del abogado no es peligrosa; pero sus funciones no son menos respetables. Una reunion de hombres escogidos representa la sociedad, y juzga entonces sin pasion y sin temor entre dos contendentes incapaces de toda influencia. Este tribunal augusto, además del respeto que inspira, recibe tambien su principal lustre de la especie de combate que se verifica en su presencia y ante los ojos del público, entre los defensores de los ciudadanos que vienen á pedir justicia. El talento del abogado es como la decoracion de esta escena imponente. Los discursos pronunciados delante de los jueces, la atencion de los magistrados, el silencio del público que espera la sentencia, todo dá á esta ceremonia un aparato que anuncia á la vez la fuerza de la justicia que vá á pronunciar por sus órganos, la debilidad de los ciudadanos que escuchan en un respetuoso silencio, y la supremacía de una clase de hombres á quien solo pertenece el derecho de llevar la palabra en tan graves circunstancias. Es necesario que el abogado sepa improvisar; la improvisacion es aún mas necesaria en la barra que en la tribuna. En las asambleas políticas se preparan de antemano á sostener un proceso por escrito : cada orador presenta la cosa bajo el punto de vista que le ha chocado en su gabinete: estos discursos sucesivos no tienen ninguna relacion entre sí : el tiempo pasa en lecturas insoportables, si fuese necesario escucharlas todas; pero las asambleas dejan que lean, porque no toman ningun interés en estos combates de pluma, en que cada luchador se presenta las mas veces en la ausencia de su rival, que vendrá en seguida á esgrimir solo. Se dan al aire golpes que serían mortales si alguno estuviera á tiro de recibirlos. Paran golpes que no se les han dirigido, ó que han sido parados cien veces. Se imagina de una y otra parte un ataque que no se ha de verificar. Por mas que el contradictor haga un movimiento improvisto, se avance sobre una ruta en que no se le esperaba, se le deja pasar, y se precipitan sobre otro camino que se disputa á aquellos que se atreven á presentarse, y como no se encuentran obstáculos, quedan de una y otra parte dueños del campo de batalla que se han forjado. Es la escena de los espadachines de teatro, en que los golpes paran bajo el brazo, y no tocan nunca al cuerpo de los adversarios, á quienes nadie impide de gritar victoria, ó comenzar de nuevo sin cesar este juego, sin mas dificultad que la de gritar siempre: afortunadamente la voz concluye por enronquecerse y debilitarse. Estos combates no acabarían

jamás sino por falta de combatientes. Al contrario, acaban porque habria demasiados si se admi-
tiese á todos al honor de esta guerra de suposicion.

El abogado no puede gozar del privilegio de
un hombre que habla á sus iguales. Habla á superiores que le llaman á la cuestion cuando se
separa; puede, no hay duda, preparar su alegato; pero tanto en lo criminal como en lo civil la
cuestion cambia de aspecto á cada paso y en un
instante; el abogado que no tiene la costumbre
de la improvisacion, puede dirigir sus clientes
por consejos de gabinete, escribir memorias á
alegatos elocuentes, pero no triunfará en el foro.

¿Cómo pues el método de la enseñanza universal se aplica á esta especie de improvisacion?
Esto es lo que falta que desenvolver. Supongo
pues que un jóven que ha concluido sus estudios
se os presenta para aprender á informar: porque
bien sabeis que no vamos á buscar á nadie, y
tampoco ignoramos que no somos necesarios ni
al que quiere adquirir este talento ú otro cualquiera. Primero, haced aprender de memoria el
informe de Cochin por Rapali contra su mujer,
sobre esta cuestion (1). *Si el miedo de perder una*
fortuna quita la libertad á la persona que se casa

(1) Véase la defensa en favor de Ramos Rapali que vá al fin.

contra su inclinacion. La eleccion del informe es arbitraria, pero cito este porque ha sido el objeto de nuestros estudios. Es preciso tener un término de comparacion al que se refiera todo en el curso de los ejercicios. Este es el método general en la enseñanza universal. Desde que se sabe algo el informe, se le repite cada dia todo entero, despues se comienza á leerle con atencion para comprenderle: sería inútil que oyéseis las observaciones de un maestro, pues no las retendríais, si los hechos que le han sugerido sus reflexiones no estan sin cesar presentes á vuestro pensamiento. Vuestras propias reflexiones se borrarán ellas mismas poco á poco si olvidais el hecho que las ha dado nacimiento.

La lectura de lo que vá á seguir no puede pues tener ni interés ni utilidad para aquellos que no tienen la paciencia ó el tiempo para hacer el estudio que recomiendo como un preliminar indispensable. Querer juzgar de una esperiencia sin seguir su procedimiento en todos sus detalles, no es propio de un hombre razonable: dudar de un resultado que no ha obtenido uno mismo es de un sabio. Decidir resueltamente que se sabe de antemano que efecto debe producir en la cabeza de un hombre tal reunion de conocimientos que no se tienen, es una presuncion que desgraciadamente es tan comun como el charlatanismo. No nos corregiremos ni los unos ni los

otras de prometer mas que podemos, y de juzgar
temerariamente de lo posible ó de lo imposible
por los axiomas de metafísica. Es preciso des-
confiar igualmente de la vanidad que cree poderlo
todo, y de la vanidad que asegura que los resultados que nosotros no hemos obtenido son imposibles. Si esto fuera factible, un hombre como
yo lo hubiera hecho, ó al menos lo hubiera adivinado, ó en fin lo comprendería. Yo no lo he
hecho, ni adivinado, ni comprendido, luego bien
veis que es imposible: este razonamiento es decisivo: además ya he hablado y no vuelvo atrás
esta sentencia sin ser mas razonable, es por lo
tanto menos grave que la mala fé del que me
decia políticamente leyendo las composiciones de
uno de mis discípulos de diez años! *Es admirable!
Es sublime! Es increible! Pero sería preciso ver-
lo escribir.*

2.º *Exordio.* Veo la expresion *formar una
union:* me represento á Cochin en el foro, juzgo
despues de conocer los hechos cual es el sentimiento que quiere inspirar el orador, prevengo
su intencion empleando esta expresion mejor que
otra sinónima; este signo arbitrario *union* me parece bien escogido para inspirar interés, y determinar los jueces á mantener el matrimonio: *formar una union* me parece una comparacion esco-
gida entre otras mil para pintar una eleccion libre,
espontánea y reflexionada; *formar* es una palabra

que no digo en la conversacion familiar, y concibo el proyecto de hacerla entrar en una lengua de improvisacion.

Si hago todas estas reflexiones, veisme que me he hecho rico de dos palabras: las sabia de memoria, pero no me pertenecian, eran de Cochin á quien yo recitaba. Entre tanto acabo de apropiarlas á mi uso. Han llegado á ser separadas ó reunidas, los signos de mis sentimientos, en adelante en mis repeticiones diarias no podré pronunciar este exordio, sin despertar en mí todas las ideas que yo le atribuyo; y si en una circunstancia particular y análoga esperimentaba el mismo sentimiento, la expresion se presentará por sí misma. Así es que este solo discurso es una adquisicion inmensa para el estudio que haré de él, porque me propongo continuar este examen de palabras y de expresiones hasta el fin. Veis aquí la primera indicacion del maestro. El discípulo marcha solo, no tiene necesidad de guia bajo este respecto. Pero esta indicacion es inútil para aquel que no sabe el discurso, ó que le ha olvidado por no repetirlo.

3.º *No formaría — si para — bastase.* — Considero con cuidado esta locucion destinada á expresar un razonamiento lógico, abstracto y aplicable en todas las circunstancias imaginables.

Esto no puede ser, si aquello es, esto es, luego aquello no puede ser.

Esta relacion, este modo de ver una proposicion, este razonamiento en fin, es aplicable á todas las causas. Es preciso que fije en él mi atencion, y que compare los términos en que está concebido, con los demás que se me ofrezcan en lo sucesivo: aquí teneis un manantial inagotable de sinónimas de locucion. Las diferencias ó semejanzas se deben sacar de la identidad ó variedad de sentimientos que el orador quiere comunicar.

Indicada ya la comparacion de las locuciones sinónimas, vamos á pasar á otras observaciones (1).

4.° Aun haré notar en esta locucion que está dividida en dos partes: lo que produce dos com-

(1) El principal ejercicio de la enseñanza universal consiste en lo que llamamos sinónimos, es decir, en las comparaciones. Aunque observeis y compareis toda vuestra vida, jamás lo vereis todo. Dos cosas os parecen semejantes á primera vista, pero encontraréis que son diferentes; por el contrario os parecen diferentes y hallareis su semejanza. Por ejemplo, creeis que una trajedia y una comedia no se parecen, y son una misma cosa. En esta juegan personas apasionadas pero inofensivas de quienes nada hay que temer. En aquella estan apasionadas, y su vehemencia me impone y hace temblar. La parte animal experimenta sentimientos diferentes; pero la razon, que es impasible, no vé mas que un loco en Orosman, lo mismo que en el Misántropo. Orosman en el eceso de su furor me hace temblar cuando jura que jamás verá á Xayra, y un momento despues está á sus plantas. Así pues una trajedia es una comedia á los ojos de la razon. ¡Cuántas cosas se pueden imitar en una trajedia, cuando se quiera hacer una comedia y vice versa! todo se parece.

N. del E.

binaciones diferentes, porqué se puede decir invirtiendo el órden : *Si para — bastase — no formaria.* Veisle aquí todavía bajo un nuevo aspecto, y por consiguiente un nuevo estudio que debeis proponer á vuestros discípulos. Bien entendido, que yo no os propongo mas que modelos en que ejercitaros; doy ejemplos y no leyes. Todo lo que nos rodea es útil para este estudio, y es preciso no limitarse á un solo asunto: la materia es inagotable, y esta es la razon porque no nos encerramos en un solo alegato. El estudio de descomposicion y análisis tiene la gran ventaja que nos conduce á descubrir que el órden mismo de las ideas es por sí un signo que es preciso conocer para emplearle á propósito.

Comparad pues este órden, y no desprecieis esta nueva especie de sinónimos.

5.º *Un alma sensible etc. hasta de opresion y de violencia.*

El orador da aquí la esplicacion de la palabra *alegar* que ha pronunciado en la primera frase. Todo el proceso está en esta palabra como se verá. Generalizando esta observacion me digo á mí mismo todas las veces que leo un alegato ó defensa. ¿Cuál es la palabra principal? (1) Comparo los

_____

(1) Lo mismo sucede en otras ciencias; los militares llaman *Llave de la posicion* en una batalla aquella de que dependen las demás, de modo que tomada, se consigue facilmente la ocupacion de los otros puestos. *N. del E.*

rumbos que ha seguido el orador en todos los casos, y veo que giros son los mas propios para sostener la causa que defiendo. He aquí sinónimos de ampliacion. Estos, como se nota desde luego, son interminables, porque una proposicion se puede desenvolver bajo mil formas diferentes.

Cochin encierra aquí todas las objeciones que podia oponer la parte contraria, cuyo efecto ha cuidado de atenuar, por la suposicion que ha hecho de un caso, que no existe, de que una mujer poseida de alguna ciega pasion ú por otra causa tratase de invalidar el matrimonio, anticipándose á contestar á las objeciones para quitarlas así la fuerza que pudiesen tener. Cualquiera conoce que esto es un ardid oratorio que cualquiera sabe emplear cuando le acomoda, y que no es la inteligencia la que puede faltar, sino el arte, ó lo que es lo mismo, la costumbre y el ejercicio.

6.º *La dignidad, etc.,* hasta *y sus familias.* Aquí teneis una ampliacion de la idea primitiva, *no basta.* Esta ampliacion no contiene absolutamente mas que el mismo pensamiento, pero bajo una forma diferente en que parece recibir cierta novedad y realce.

Mas observo tambien que digo todos los dias *mas* ó *pero* para cambiar los términos de una cuestion, y grabo en mi memoria este *mas* oratorio que me servirá de gran recurso en todas las causas en que se trata de presentar el hecho bajo el aspecto mas favorable á nuestro cliente.

7.º *Pocos habrá en que, etc., hasta el final.*
Este párrafo es una repeticion de la primera frase: contiene los hechos principales del proceso,
y dá una idea del estado en que se hallaba este
negocio. Veis aqui el órden en que las ideas de
la primera frase se ofrecen á la imaginacion en
esta línea:—*Union—libertad y consentimiento—
formar—nudos sagrados—indisolubles—alegar—
pretendido—términos generales* etc. Así pues el
orador se repite sin cesar, sin repetirse nunca.
Un pequeño número de ideas combinadas y re-
petidas bajo diversas formas, basta para hacer
un discurso. La verdadera diferencia nace de los
hechos que no son jamás los mismos. Puedo por
consiguiente hacer sinónimos de discurso. Todos
estan contenidos los unos en los otros, y desde
que se sabe uno, se pueden referir á éste con mucha facilidad los demás (1). *El señor Rapalí no*

(1) La figura repeticion la emplea todo el mundo: el hombre
conmovido dice siempre la misma cosa, y cuando le faltan expresiones se vale de las mismas palabras. Desconfía de la impresion fujitiva producida por algunas señales, siempre en muy corto número é insuficientes para comunicar sus sentimientos que rebosan. El
arte no es mas que la imitacion de la naturaleza, y cuando esperimentamos la necesidad de inspirar un sentimiento que nos ajita, empleamos el artificio oratorio de la repeticion, lo mismo que lo haria Fenelon, ú otro gran hablista. Pero si queremos mostrar á los
otros un sentimiento que no experimentamos en el momento, si
tratamos de sentir segun nuestra voluntad; entonces he aquí á Fe-

atribuye á su mujer, hasta se esfuerza en romper.
En el curso de la narracion ha dejado escapar de
intento la palabra *loca pasion*, se le podria re-
prochar, y decir que la señorita Lorme habia accedido al matrimonio dominada por ella; pero
termina respondiendo indirectamente á la objecion que podria hacérsele, pues permanece en la
unidad del consorcio, porque repite *sagrado é*

----

nelon, he aquí al orador intelijente y consumado. Esta facultad no
puede adquirirse sino con repeticiones y ejercicios continuos. Aquellos que dicen que es necesario sentir para conmover, no han desenvuelto con bastante exactitud su pensamiento. Los sermones de
Masillon estan llenos de objeciones escritas con todo el vígor que
podrian monstrar las pasiones que combate. ¿Se dirá por eso que
comunica sus propios sentimientos á sus oyentes? cuando Moratin
en su Hormesinda hace hablar con igual elocuencia á personas tan
diversas, ¿se creerá que el poeta esperimenta sucesivamente sentimientos tan opuestos? En este caso la retórica será un arma de dos
filos. ¿Habrémos de renunciar á ella? valdria tanto como preguntar
si podriamos dejar de ser hombres; pero por eso no es menos cierto
que la gradacion y todas las demás figuras retóricas no tienen
ninguna relacion con la verdad. Es preciso procurar persuadirla
engalanando su exterior para que parezca mas hermosa, porque
nuestras pasiones tienden á persuadir el error, que se destila á veces
entre olorosas flores. Nuestras pasiones no atacan á la geometría, y
la geometría se manifiesta sin retórica. La verdad como el error se
pueden presentar encubiertos en un período rotundo y sonoro, pe-
ró el número de miembros, su colocacion, su cadencia suspendi-
da, y todos los adornos, no tienen, lo repito, ninguna relacion iu-
trinseca con la verdad ni con el error que ellos acompañan. Es la
misma legion que rodea el trono de Trajano y el de Cómmodo.

N. del E.

indisoluble. Aquí termina el exordio: es evidente que el órden de los párrafos podria ser diferente, y que el discurso podria empezar por el fin: pero este órden sería la señal de un sentimiento diverso: sería en cierta manera empezar por pedir escusa, el atribuirlo todo á la seduccion de su mujer; el contrario comprendería el sentido de este órden de pensamientos, y no habria dejado de aprovecharse y sacar ventaja de ellos.

Se vé pues que cada palabra, cada frase, cada esplicacion, cada ampliacion, como igualmente el órden de todas estas partes entre sí, son otros tantos signos diferentes de pensamientos y sentimientos diversos: el orador debe poner cuidado en no hacerse traicion á sí mismo, empleando todo esto al azar y sin reflexion, como debe espiar á su adversario á fin de adivinar lo que encierra en el alma para responderle y sacar partido de la mas lijera inadvertencia: la barra viene á ser un verdadero palenque.

Desde el primer dia se debe ejercitar á hablar trastornando los párrafos del exordio: despues se dá una frase, una idea sola por donde el discípulo debe empezar improvisando el enlace necesario en el nuevo órden que está obligado á inventar sin preparacion. Observad además que se pueden defender todas las causas de Cochin siguiendo la marcha de nuestro alegato, y recíprocamente se puede alegar contra Rapali diri-

giéndose segun un alegato cualquiera que se to-
me por modelo (1).

---

(1) En efecto un discurso no es mas que una proposicion. Esta
proposicion se puede descomponer en otras. Cada una en fin se puede desenvolver sucesivamente : he aquí un plan compuesto de
proposiciones variadas. Esta condicion es precisa , porque el desenvolvimiento de una sola y única proposicion seria monótono y
cansado. Asi la dificultad de un plan de composicion consiste en escojer, entre el número infinito de ampliaciones contenidas en la proposicion , aquellas que mas se diferencian entre sí. De esta diferencia sensible proviene la variedad del discurso , y la unidad y enlace de las proposiciones secundarias; porque todas las ampliaciones que se hagan , provienen de la proposicion principal. Para establecer esta hay que considerar el método y el estilo. El método es
de dos maneras, hay uno simple y descubierto como el de los geómetras que consiste en proponer las verdades en el órden mas natural , no empleando ningun término que no esté definido , ni axioma
que no sea inconcuso. Este método que es el de Aristóteles y los filósofos árabes , es muy sólido , pero poco agradable y propio solo para las personas estudiosas y despreocupadas; por lo mismo aunque es
el mas útil , no siempre es el mejor. El otro es el de los oradores que
es oculto y que bajo una apariencia natural y descuidada , encierra
un gran artificio, y busca todos los medios de aparecer verdaderamente agradable y de hacerse oir. Los que abogan , ó arengan no
teniendo otro norte que persuadir y alcanzar el triunfo á toda costa , estan obligados á emplear razonamientos de sentido comun , y
proporcionados á toda suerte de comprensiones. Por lo tanto obser-
varán con escrupulosidad los aforismos siguientes. No hablar mas
que para demostrar la verdad. Elejir el asunto y reducirlo á una
proposicion interesante asegurándose de su certeza con pruebas de
que sacará consecuencias que reducirá despues á un punto de vista. Aplicarse al examen de cada negocio con tal intension como si
no tuviese mas que uno. La imajinacion y la memoria se apresura-
rán á suministrarle voces que colocará en el lugar mas conveniente.

Ya se reconocerá perfectamente nuestro método. Se toma un libro, y se refieren á él todos los demás. Puede que se os pregunte, ¿por qué honrais esta enseñanza con el título de Univer-

---

La naturaleza tiene una hermosura en todas las cosas; el arte consiste en imitarla bien. No basta imitar la naturaleza, es preciso estudiar y meditar á aquellos que la han imitado con mayor perfeccion tomándolos por modelo. Es necesario destituirse del amor propio para temar lo bueno de los demás. Lo *bueno* en todos los idiomas es bueno por lo que *recogerémos* de todos. Jamás la pluma trabaja mejor que *cuando borra y reforma*. El que se entrega al *trabajo* de la *revision llega* á formarse un estilo naturalmente correcto, aunque *escriba* de prisa. La razon es el norte de todo discurso, pensar como un filósofo y hablar como un orador. Cada conquista del espíritu, debe ser una adquisicion durable; es decir, *repetir* siempre para no olvidar. La causa de todo nuestros errores, es la distraccion, tomada en el sentido mas lato.

Así pues demostrad á vuestro discipulo que está distraido, que ha hablado sin reflexion, y entonces razonará tan bien como vosotros. En el antiguo método se escusa una falta hija de la distraccion, como si fuera una falta de ortografia. Esto hace al espíritu demasiado pronto á juzgar lijeramente y antes de examinar los hechos. Profundicémos en ellos, y conseguirémos nuestro objeto. La elocuencia no es otra cosa que el arte, ó lo que es lo mismo, la costumbre de hablar de modo que se consiga el fin á que se aspira, porque cuando un hombre habla debe suponerse que se propone un fin, ya sea instruir, ya entretener ó persuadir, ó bien influir de algun modo sobre sus semejantes. Aquel será pues mas elocuente que acomode mejor ó mas acertadamente sus palabras al fin que se propone. Esta definicion comprende los diversos jéneros de elocuencia. Mas como el objeto mas importante de un discurso es influir determinando, una ó muchas acciones, rijiendo la conducta de nuestros semejantes, ejerciendo en fin, un poder sobre ellas; bajo este punto

sal? Respondereis que este nombre se le ha dado
porque es aplicable á todo, y podeis dirigirme
aquellos que quieran aprender alguna cosa, sea
la que quiera. Acaso se os replicará: conviniendo

---

de vista, la improvisacion es el arte de hablar (al parecer) sin preparacion para persuadir alguna cosa. Las máximas fundamentales en
que todos convienen son.— *Argumentos sólidos.*— *Método claro.*—
Caráter respetado ó notorio del orador.— *Probidad reconocida.*— *Gracias en el estilo.*— *Novedad y esmero en la expresion.*— *Buen sentido.*— *Hacer que la conviccion preceda
siempre á la persuasion.*— *Saber pintar á la imajinacion.*— *Saber
conmover el corazon.*— *Conocer el idioma de las pasiones y de
que modo influyen.*— *Poseer en fin el arte de conciliar y de
interesar.*— *Como medio de interesar proponerse un punto de
utilidad comun.*— *Fiar mas en la solidez de las pruebas ó en la
fuerza del raciocinio que en el talento de la declamacion ó en los
adornos del discurso, sin que por esto se incurra en desaliño.*—
*Estar íntimamente convencido de lo que se pretende persuadir,
sin lo cual es casi imposible elevarse y hacer sentir.*

Como la elocuencia sublime surje siempre de la emoción ardiente, ó mejor dicho, de la pasion, esta sola puede hacer persuasivos á
los hombres, y dar á su jenio una fuerza desconocida. Nace de aquí
otra máxima que podríamos llamar *pasion ó sentimiento del orador.*

Cuando este falta absolutamente todos los esfuerzos que se ha-
gen por aparentarlo son inútiles y dañan generalmente al éxito del
discurso, cuando no descubren un viso de ridículo vituperable.

Como sea inútil traer á la tribuna discursos estudiados, nunca
será demasiada toda preparacion sobre la materia y toda la atencion
posible sobre el jiro que toma el debate.

Los argumentos y las pruebas deben acomodarse al tono que toma la discusion, y por este compás debe medirse el aire y la vehemencia del discurso.

La principal dote del orador, ó mas bien dírémos del improvisa-

que todo método es universal por su naturaleza,
¿por qué doy este nombre de preferencia al nuestro? Contestareis que hasta ahora este es el único que merece aquel título, supuesto que hasta

---

dor, es el talento de abrazar de un golpe de vista todos los argumentos y pruebas que se van consignando, medir su importancia, y esperar el momento oportuno para aprovecharse de sus ventajas. Esto es lo que se llama, hablando propiamente, dominar el debate, resumir la discusion.

Pero si no es posible siempre llevar discursos preparados á la tribuna, no por esto daña el tomar nota de los extremos mas importantes, de los argumentos ó puntos graves que se fijan, y aun pueden muy bien tenerse apuntadas de antemano las claves de la materia que se discute.

Aconsejamos á los principiantes que eviten lanzarse en las graves discusiones antes de haberse ensayado y adquirido el hábito de hablar con oportunidad y desembarazo.

Plan claro y distinto de lo que vá á decir.—He aquí otra circunstancia indispensable, de que no tendrá que cuidarse tanto el que escribiese un discurso. Sin este plan, no es posible coordinar los pensamientos, y colocarlos en el punto en que deben obrar haciendo efecto.

Siempre debe ser animado el estilo.—Mas ó menos segun la importancia de la materia.—*Siempre elevado en materias de importancia.*—Pero con cierta medida y gradacion para no incurrir en el vicio de una declamacion importuna.—*Poner siempre en armonía la expresion con el sentimiento.*—El que finje mas calor que el que siente, está expuesto á parecer ridículo, pues rara vez deja de conocerse esa contradiccion.—*Moderar la impetuosidad para no ir mas lejos de lo que conviene.*—El que se deja arrastrar demasiado y no está muy sobre sí, puede ir tan lejos que nadie le siga, y entonces ha perdido el tiempo y comprometido su reputacion.—*Cordura—decoro—y templanza.*—La primera evita que se digan

el presente, no le ocurrió á ningun maestro, de
escribir por ejemplo, creer que podria dirijir á
alguno en el estudio de las matemáticas ó de la
lógica. Veis aquí lo que responderéis, ó guarda-
réis silencio, y obtendréis el mismo resultado
cualquiera que sea el partido que tomeis, pues
de todos modos no seréis comprendidos de los
que tengan el designio premeditado de no com-
prenderos. Pero continuemos. El señor Ramos,

---

cosas inconvenientes; el segundo mide el respeto que se debe al
lugar, al auditorio y á las circunstancias; y la tercera impide
abandonarnos á los ímpetus de una pasion ciega que ofusque nuestra razon en el momento mas preciso, no siendo ya dueños de contener el torrente de pensamientos que salváran sus diques en desórden; porque en la improvisacion hay tanta dificultad en callar
los pensamientos que se deben ocultar, como en manifestar aquellos que se deben decir. Por eso la pasion llevada á cierto grado,
puede ser peligrosa al improvisador estraviando su razon. Esta
podrá alguna vez tomar el disfraz de aquella, pero nunca debe dejar de ejercer su imperio, que ha de ser absoluto, impasible y
tranquilo. Porque si no percibe con claridad los objetos sea por efecto
de confusion en las ideas, sea porque el calor escesivo de la imaginacion nos distraiga, no podriamos establecer con exactitud la cuestion
que se debate, ni demostrar con distincion el punto que se niega, ni la
línea divisoria que separa á los dos contendentes. Mucho mas per-
judicará á las cualidades exteriores, porque la accion será exajera-
da ó encojida, y el jesto ridículo por demasiado espresivo; porque
nuestro semblante no solo manifiesta las pasiones marcadas como la
ira, el amor etc., sino tambien la mezcla ó compuesto de estas mismas
pasiones que forman (digámoslo así) unas medias tintas mas ó mé-
nos escargadas de aquella de que participan; por eso hay sentimientos que no se pueden expresar con palabras, pero que se dejan co-

es natural de *Génova*, hasta de *tesorero general.*
El orador empieza por los hechos anteriores al
hecho del matrimonio de que se trata. *Jus ex
facto oritur*, es la regla del abogado cuando nar-
ra los hechos. Esta regla le decide en la eleccion
de las circunstancias que debe presentar á los jueces, y en el órden que seguirá en la composicion
de este cuadro destinado á disponer los oyentes
en favor de su cliente. Observad que en una defensa el órden en que el abogado ha adquirido
sus ideas se halla invertido. En efecto, ha comenzado en el exordio por decirnos que no bastaba
alegar vagamente un pretendido defecto de consentimiento; nos dice entre tanto que el señor Ra-

---

nocer por el lijero colorido que les comunica la voz y el jesto del
improvisador. Así que la declamacion debe apagarse en la naturaleza
imitándola de tal modo que no hablemos sino de la manera que lo
haria un hombre que estubiera poseido del sentimiento que tratamos
de inspirar.

He aquí expuestas las máximas generales de la improvisacion
alternando con otras, que muchos miraran como el romanticismo
de la elocuencia. Creo que existen hechos que aseguran su buen resultado : mas no por eso sostendré que este sistema obtenga la preferencia. Los hombres que han querido engañar á los otros, han
acabado por engañarse á sí mismos. Así que desconfío de sus libros
como de sus palabras, pues me han hecho su víctima cuando las
he creido, y mi corazon ha sido cruelmente herido cuando descansaba en el seno de la confianza. En todo he hallado inconvenientes;
solo conozco un libro bueno que es la Biblia, y una cosa que no las
tiene que es la virtud.

mos, noble y rico, habia obtenido un cargo hono-
rífico. Es evidente que esta narracion tiene por objeto demostrarnos la reflexion hecha en el exordio, mas justificar una reflexion no es otra cosa
que seguir en la ampliacion hablada, ó escrita,
un órden inverso de aquel en que se presentáron
las ideas, porque la reflexion nace del hecho que
le es anterior.

El exordio es pues una relacion generalizada.
Es preciso estudiar los exordios bajo este nuevo
punto de vista (1): he aquí un ejercicio que se
puede agregar á todos los demás. El hombre que
halla un exordio sobresaliente á la primera lectura, admira evidentemente sin reflexion y sin pensar en lo que dice. ¿Cómo se puede saber si el
exordio, es decir, la consecuencia de los hechos es
razonable, cuando se desconocen los hechos? Lo
que se admira es solo la forma material; las abs-
tracciones nos encantan, dejamos divagar nuestros
pensamientos mientras el orador habla: inventamos una causa á la que pueda convenir todo lo
que el dice: esta obra de nuestra imaginacion nos
seduce, y persuade mejor que la relacion exacta
de los hechos: estaríamos pasivos escuchándola,
y somos activos componiéndola nosotros mismos.

(1) Léase con reflexion la introduccion á la defensa del príncipe
de Polignac segun estos principios.

El orador en su exordio cuenta pues con la actividad de nuestra inteligencia, y desde que ha conseguido ponerla en movimiento, está seguro del éxito: triunfa de nosotros por medio de nosotros mismos. En la improvisacion hay recursos que faltan escribiendo; se puede por la manera de pronunciar y la acentuacion de las palabras llamar nuestra atencion al punto que se desea; y dejarla reposar cuando sea preciso. Se debe pues ejercitar al discípulo en leer: He aquí la regla de nuestra declamacion. En la enseñanza universal no *hay verdaderamente declamacion*, lo que se llama declamacion es un arte de invencion y no de imitacion; nosotros no queremos imitar mas que á la naturaleza; decimos solamente que es preciso leer, como es preciso escribir. El que ha estudiado la declamacion lo lée todo de repente, nosotros no somos tan hábiles, no nos atreveriamos á leer lo que no comprendemos, y no comprendemos (segun la etimología de la palabra) sino lo que nuestro espíritu recibe á la vez, y vé todo entero. Si alguno sabe leer será sin duda nuestra célebre actriz D.ª Matilde Diez: preguntadla si se atreveria á leer un trozo que no hubiese leido de antemano. Los lectores de sociedad no gastan tantos cumplimientos, no son escrupulosos, leen de pronto y sin detenerse el primer libro que les viene á las manos: imaginan, improvisan y la continuacion da frecuentemente un perpetuo mentís á su improvi-

sacion: es una traduccion que inventan, de una
historia hacen un romance, pues yo pretendo que
para decir solamente la primer palabra de Athalia
sí es preciso conocer toda la pieza: No se puede
leer mejor, que tocar un concierto á la simple vista. Pero pregunto ¿cómo se debe leer? Como se
habla; tomad vuestra voz, vuestro tono, vuestros
gestos y maneras; *sed vos mismos.* Todo lo que
hemos dicho sobre los tres géneros es tambien
aplicable aquí. Así se dirá el exordio, los hechos,
y todo el discurso segun los principios con que
debió ser compuesto. *El llamado Barrio hasta el
objeto amado.* En este párrafo y en los siguientes
continuo del mismo modo mis observaciones.
Aquí noto que el orador responde indirectamente
á una objecion que el pasa en silencio. Veisla,
ahí. *El señor Ramos se introdujo bajo diferentes disfraces en la familia de la señorita Lorme.*
Cochin destruye esta objecion sin hablar de ella,
tocando lijeramente que se le encargó la reserva,
y que todo es indiferente para quien quiere poseer
el objeto que ama. No es difícil conocer la intencion del orador al tocar ligeramente este punto.
No quiere darle importancia llamando la atencion
sobre una observacion que no le conviene; tampoco quiere dejarla absolutamente sin respuesta.
Así pues no es difícil adivinar cuales son las objeciones que no merecen mas que una refutacion
indirecta, para hacer comparaciones de todas es-

tas especies de soluciones. Por lo tanto es necesario distinguir las objeciones que merecen una refutacion sólida y convincente de las que solo exigen una impugnacion lijera y superficial como para demostrar que no desconocemos su poca importancia. Todos los que conocen el foro han observado mas de una vez el valor de la distincion que acabamos de establecer: nada se debe dejar sin respuesta; pero un principiante dá á una objecion mas importancia de la que ella tendría sin el aparato con que indiscretamente reviste su réplica. Los esperimentados oradores no dejarán nunca de tender este lazo á la inesperiencia de la juventud: se ha pronunciado una palabra por el contrario? ¿ha presentado un motivo débil? el principiante que observa un defecto de razonamiento cree haber hecho un hallazgo de importancia, ataca con ardor el punto que se ha dejado á propósito sin defensa, triunfa en una cuestion extraña á la que se debate, gana un proceso inventado expresamente para agotar sus fuerzas, y pierde el verdadero proceso que quiere defender. Veis á Cochin, todo lo discute, pero dá á cada discusion la importancia que merece, y no pierde de vista su objeto principal. La señorita de Lorme ha dicho sí libremente y sin coaccion.- Veis aquí la cuestion, no se le puede arrancar de este puesto inexpugnable. Pero estas observaciones ¿son mas importantes, ó mas instructivas que

otras reflexiones? Ya os he dicho que las reflexiones no constituyen un método. No son los
gramáticos ni los retóricos quienes dañan á nuestra instruccion: no nos pervierten, pero nos re-
trasamos, empezando por los retóricos, y yo mismo caería en este inconveniente, si creyese que
solo mis indicaciones os harían improvisador. Yo
reflexiono para mostraros que podeis reflexionar:
quiero animaros dando el ejemplo. Cuando se dá
una leccion de dibujo, ó de música, es necesario
cantar; bien ó mal, poca importa; es preciso tomar el lapiz, y manejarlo en presencia de vuestros
discípulos. Se debe improvisar para darles confianza; no se trata de abrumarles con vuestra superioridad natural; por el contrario tanto mejor si sois vencido: reconoced de buena fé que
os es superior, pero exigid sin cesar mas todavía. Bien pronto no se tratará por el discípulo
de igualar á su maestro: hace ya mucho tiempo
que le ha aventajado, se trata solamente de aven-
tajarse á si mismo, y esto se puede siempre: es
un camino que no se acaba; el que anda mas
aprisa se encuentra á la cabeza de los viajeros;
pero no arribará jamás á la perfeccion lo mismo
que los que le siguen.

Veis aquí lo que hacemos para dirigir á nuestros discípulos en el estudio de la lengua maternal. Ya os esplicaré en las siguientes cartas nuestra marcha para aprender una lengua extranjera,

la música, la pintura, cuyos resultados se están palpando. El método de la enseñanza universal, desde la lectura á la improvisacion, está todo entero en estas pocas palabras : sabed alguna cosa y referid á ella todo el resto por vuestra reflexion, realizando las reflexiones de otro por lo que vosotros sabeis. El antiguo método es este. Comenzad por las reflexiones de Aguesseau, de Laharpe etc., y al cabo de diez años sereis abogado capaz de defender. A los que quieran disputar sobre estos dos métodos, decidles que escojan el que les parezca mejor, pero que no juzguen de su preferencia hasta no ver el resultado, pues un hombre razonable no contradice una esperiencia sin hacer la prueba por sí mismo.

OBSERVACIONES SOBRE EL ANÁLISIS.

Al hacer análisis de varios fragmentos de defensas elocuentes de distintos géneros estoy muy distante de querer presentar su mérito como el término mas perfecto á que se podia haber aspirado, pues estoy persuadido que la descomposicion de estos rasgos elocuentes presta materia continuamente á nuevas ó inopinadas reflexiones, y nosotros mismos volviéndolos á leer en diferentes intervalos encontraríamos bellezas que se nos habian ocultado en nuestras primeras lecturas, en las que no suelen herirnos mas que las clásicas, y digámoslo así, de bulto. Con asiduidad y continuo trabajo podrán encontrarse analogías que nosotros descuidamos, porque hay perfecciones relativas al gusto y diferente modo de sentir de cada uno. Sobre todo el don de la oportunidad entra por mucho en todas las cosas, y en este género no debe desatenderse esta circunstancia. Hay verdades incontrastables que se pueden presentar de lleno en todos tiempos y ocasiones; pero las hay tambien que deben revestirse de cierto velo para no herir la susceptibilidad de los

11

partidos. En las defensas políticas cuanta maña
y arte se necesita para no agriar al bando vencedor, y disponerle á la tolerancia y benevolencia
hácia el vencido! Aquí donde no hay delitos propiamente dicho, con qué cautela y sagacidad es
preciso disponer los medios de defensa, cuando tal
vez hay que atacar las opiniones y creencias de
los que deben juzgarnos. Alguna vez conviene
presentarse con osadía y temeridad cuando se
nos suponia poseidos de miedo, y que solo soste-
níamos nuestra causa por puro compromiso y
deber. Así habla el señor duque de Fizjames á
las cámaras al motivar su juramento. Reflexió-
nese su estilo, y se notará el aire de convicción
que respira todo él, pues parece no acordarse siquiera que se dirije á una asamblea que acaba de
derribar la dinastía de Cárlos X.

En la defensa de su ministro el príncipe de
Polignac por los sucesos de Julio, motivados de
las famosas Ordenanzas, ¡con qué comedimiento,
pero al mismo tiempo con qué firmeza califica el
señor Martignac los hechos de la revolucion! ¡con
qué arte tan sutil la lisonjea para despues hacerla
conocer que quiere ser injusta ó cruel! ¡con qué
delicadeza mezcla los recuerdos de lo antiguo con
lo presente para sacar consecuencias conciliado-
ras! ¡con qué comedimiento habla de su propia
persona, y qué sensibilidad manifiesta al hacer
el cotejo de las grandezas pasadas de los mi-

nistros, que se ven en la necesidad de defender
su cabeza en el banco de los acusados! Cuanto
mas se lee esta defensa mas arte y talento se encuentra en ella. Es preciso tener presente que el
señor de Martignac habla á los mas hábiles oradores de la Francia, y ante jueces cuya susceptibilidad
era facil herir. Por eso repito que la oportunidad
constituye uno de los principales caracteres de la
elocuencia. Es necesario que todo sea á propósito
y adecuado al objeto: el lenguaje de un poderoso
no puede ser el mismo que el de un simple particular. La despedida de Carlos V á su hijo legán-
dole un reino, debe ser diferente de la de un
padre que deja una corta herencia, sin mas res-
ponsabilidad que la de no disiparla.

Por último, todos conocemos estas verdades,
y nuestro instinto, si así podemos esplicarnos,
nos conducirá siempre al objeto, con tal que haya en nuestra memoria imágenes y pinturas aná-
logas que poder emplear. Las descripciones de
Anquetil y Segur haciendo el retrato de Luis XI;
las cartas del conde Cabarrús en las quejas de
una prostituta, y otras escogidas de nuestros autores, son elocuentes y á propósito para servirnos
de escelentes modelos.

No cesaré de recomendar su estudio, seguro
que al poco tiempo nuestros lectores recogerán
el fruto de sus fatigas, hablando con facilidad, y
produciendo semejantes rasgos aun sin advertirlo.

Fragmento primero.

Ausente de Francia de unos dias á esta parte con motivo de un corto viaje, supe repentinamente que habia caido en Francia un horrible rayo, y que la familia de sus reyes habia desaparecido en la tempestad. El estallido del cañon que proclamaba un nuevo rey parece que esperaba á que yo entrase ayer en la capital, y soy llamado hoy á esta cámara para hacer un juramento nuevo.

Jamás he mirado mi palabra como cosa de juego, y siempre me fué sagrada la religion del juramento. Solo dos hice en toda mi vida; el primero á Luis XVI de santa memoria, cuando yo apénas salia de la infancia; y el segundo á la carta en 1814 cuyos principios adoptaba en mi interior, y tuve el gusto de verlos recibidos como ley por la Francia. Desafio á todos los vivientes por si hay alguno que me pueda acusar de haber sido infiel á estos dos juramentos. Vosotros me hareis la justicia sin duda de convenir en que nunca me habeis oido hablar en otro sentido que en el de la carta; y por mi honor digo que en 16 años no se han abrigado en mi corazon otros sentimientos. Desgraciado casi desde mi nacimiento, aprendí en la adversidad á someterme á los decretos de la Providencia, y á hacer frente á las tempestades.

Ya sabe mi familia largo tiempo hace lo que

es permanecer fiel á una causa desesperada, y
esto nada nos importa. Confieso que lloro y llora-
ré siempre la suerte de Carlos X. Honrado mucho tiempo con su bondad, ninguno supo conocer
mejor que yo todas las virtudes de su corazon.
Aun despues de engañado por ministros mas débiles que pérfidos; aun despues que en vano, ahí
procuré darle á conocer la verdad que se trataba de ocultárle con gran cuidado, sus deseos, sus
votos....lo atestiguo ahora y lo atestiguaré siempre, se dirigian al bien de los franceses y á la
prosperidad de la Francia. Mi deber es hacerle esta justicia, y me complazco en manifestaros estos
sentimientos de gratitud que me acompañarán toda mi vida, y serían capaz de sofocarme, si no me
desahogase habiéndolos patentes; compadecien-
do á quien se ofenda de ello. Sí, hasta mi último
aliento, mientras mi corazon conserve una gota
de sangre; hasta en el cadalso, si mi suerte me
llevase, confesaré mi amor y mi respeto á mi
antiguo señor. Diré que no era merecedor de su
actual suerte; y que han juzgado injustamente los
franceses que de él digan otra cosa. Pero al presente yo no soy mas que francés; y en la crisis en
que actualmente se halla, me debo del todo á mi
patria.

Esta grave consideracion de la salud de la
Francia es sin duda la única que haya podido
obligar á tantos hombres de talento á promulgar

con tanta precipitacion unos actos que en seis
dias, han decidido del destino de todo el reino.

Todo estaba ya hecho, y vosotros habeis visto, la anarquía como se aprestaba para cogernos
y devorarnos. Tales motivos no podrian menos de
llamar mi atencion; y á ellos únicamente es á
quien hago el sacrificio de todos los sentimientos
que me han sido propios en el espacio de 50 años.
Ellos son los que obrando sobre mí de un modo
irresistible me abren la boca para pronunciar el
juramento que de mí se exige.

(Discurso pronunciado por el señor duque de Fitzjames, par de
Francia, á la cámara para motivar el juramento al rey Luis Felipe.)

ANALISIS.

«Ausente de Francia de unos dias á esta parte, con motivo de un corto viaje» manifiesta la
situacion en que se encontraba: esta situacion es
tan variable por su naturaleza que puede ser
aplicada á otras muchas circunstancias de la vida. «Supe repentinamente que habia caido en
Francia un horrible rayo, y que la familia de sus
reyes habia desaparecido en la tempestad.» Un
acontecimiento de gran importancia se ofrece
desde luego por medio de esta metáfora, que, como es sabido, se emplea naturalmente cuando el
ánimo está vivamente conmovido. La materia lo
exige, no cabe en los sucesos humanos acontecimiento mas grande, solo una revolucion, es-

pantosa, personificada oportunamente con la idea
de una deshecha tempestad, ebria, suficiente para
hacer desaparecer los reyes, estos seres inviolables por todos los derechos, y que parece debian
estar á cubierto de todas las vicisitudes humanas.
«El estallido del cañon etc.» parece que la sorpresa que debió causarle el estampido del cañon
que proclamaba un nuevo rey, hace resaltar mas
la circunstancia de la repentina desaparicion de
Carlos X. «Jamás he mirado mi palabra como
cosa de juego hasta el final del párrafo.» Trata
de inspirar á la cámara la mayor confianza en su
palabra, y la mas firme seguridad en la relijion
del juramento que vá á prestar, aun cuando su
objeto no sea conforme con sus ideas políticas.
Ha hecho pocos, porque no se decide facilmente
á ello; solo dos hizo en su vida, pero los ha
guardado inviolablemente, y esta certeza de lo
pasado, es una prenda para lo presente, y que
observará del mismo modo el que vá á prestar
por doloroso que le sea. Las graves consideraciones del bien del pais, y el temor de la anarquía que se aprestaba á ejercer sus terribles in-
fluencias en daño de la Francia, pueden mas que
sus convicciones particulares, y las sacrifica gus-
toso en beneficio de ella. «Ya sabe mi familia
largo tiempo... hasta la conclusion.» Desde luego
conoce que es arriesgada la defensa de su antiguo señor, estando tan recientes las causas que

motivaron su caida; pero la haría á pesar de todo. Manifiesta que le debe agradecimiento, y esto
en las almas nobles pesa demasiado para que se
dejen intimidar. Los beneficios para una alma jenerosa son una deuda, y el primer deber es pagar-
la. La ingratitud no es solamente el vicio de aquel
que ultraja á su bienhechor, tambien aquellos
que guardan el silencio y se olvidan son culpables: el primer crímen es raro; pero se encuentran con demasiada frecuencia hombres cuyo silencio ingrato oculta y disimula los beneficios.
Ellos callan (dicen) por no parecer aduladores;
¡ah! mas bien es por un secreto orgullo que se lo
estorba. Nuestro orador no incurrirá en este defecto, hace públicas las virtudes del soberano, y
le disculpa, si algo hubiese censurable, con los
ministros que le han aconsejado. Hasta se manifiesta orgulloso de defenderle, cuando compade-
ce al que le pese de ello. Esta conducta expues-
ta y arriesgada por un lado, en medio de la efervescencia de las pasiones, sorprendente por otro
como única, pues acaso fuese la sola voz que se
levantára en favor de un monarca destronado, es
á todas luces heróica y sublime, y no podrá menos de cautivar las simpatías de los corazones
nobles y sensibles de todos los partidos. El señor duque se excedió á sí mismo en aquel dia;
pues aislado y solo en medio de las cámaras francesas, donde brillan tantos oradores, me parece

la imájen del varon fuerte que no titubearia aun
que viese desplomarse sobre su cabeza la bóveda
celeste. Su destino honroso es el de alabar el
mérito muerto, y abatir el orgullo vivo; su trabajo jeneroso comienza donde concluye el interés.
Cada párrafo, mas bien, cada frase de este sublime discurso, suministra un millon de reflexiones
que podriamos analizar, y de comparaciones que
se presentan con tanta facilidad, que en circunstancias iguales ó parecidas ofrecerían naturalmente á nuestra imajinacion las mismas ideas y
pensamientos, produciéndolas en el órden y enlace conveniente á nuestro objeto y propósito. No se
me diga por esto que soy plajiario. No hay plajio
cuando se ha logrado apropiarse las ideas ajenas,
si así no fuese, todos los grandes hombres serían
unos plajiarios, pues el espíritu humano solo
reune un número limitado de conocimientos que
es preciso trasmitir á los contemporáneos y veni-
deros, si no se quiere queden perdidas ú olvidadas
las verdades mas útiles.

Por este medio se podrá hacer el análisis de
los demás ejemplos relativamente á su objeto,
pues dejo á la meditacion y reflexion continua
que recomiendo, encontrar las nuevas analojías
que tienen entre sí todas las producciones de un
mismo jénero, contentándome con poner en camino á los principiantes para que le continúen
despues por sí mismos, segun el sistema que he-

mos explicado, con la claridad que nos ha sido posible.

*Defensa en favor de Ramat Rupali, por el abogado
Cochin.*

El matrimonio no formaría una union indisoluble, si para romper sus nudos sagrados
bastase alegar en términos generales un pretendido defecto de consentimiento y libertad.

Un alma sensible al mas lijero disgusto, ó
poseida de alguna ciega pasion, tomaría desde
luego tan especioso pretesto, y ocultando con artificio sus primeros sentimientos, sabria exagerar
las inquietudes consiguientes al tomar una de-
terminacion tan séria, y la debilidad de la edad,
la timidez del sexo, el temor respetuoso que
la naturaleza inspira hácia sus padres, todo ven-
dria á ser para ella una prueba de opresion y de
violencia.

La dignidad del Sacramento, el reposo de
las familias y el decoro público no permiten
tan frívolos pretestos; y si es justo romper un
enlace formado bajo los negros auspicios de la
coaccion y el temor, tambien por el contrario se
deben sostener con una santa firmeza los matri-
monios que se han realizado por el espontáneo
consentimiento de los contrayentes y sus familias.

Pocos habrá en que esta feliz armonía haya
reinado mas de lleno que en el de los señores de
Ramos : la señorita Lorme, instruida muchos dias
antes de firmar el contrato de la persona que se
le destinaba por esposo, lejos de manifestar aver-
sion, ni siquiera dejó entrever la menor repugnancia : ha recibido las finas atenciones del señor
Ramos con la moderacion y recato que convenia
á una jóven bien nacida, pero sin displicencia
ni enfado: al pié del altar se la vió contraer una
obligacion tan sagrada con toda la tranquilidad
que correspondia á un asunto que se habia reflexionado largo tiempo.

Despues de este momento decisivo ha tratado
al señor Ramos como á quien acababa el cielo de
destinar por su esposo. Presente le ha prodiga-
do sus favores; en ausencia le ha manifestado su
ternura en una carta en que reina la ingenuidad,
y en que la naturaleza se presenta sin artificio,
pero con toda la modestia conveniente á su edad
y sexo. Regalos, trajes de boda, todo ha sido
recibido públicamente y con gratitud: y despues
que esto se ha realizado, ¿no se teme hacerla
sostener que no ha habido en ello mas que una
ceremonia exterior? Así se atreven á llevar el
escándalo hasta la misma iglesia. ¿De este modo
el Sacramento habria de convertirse en un juguete
del capricho y de la inconstancia, y disponer á su
arbitrio de la mas santa de las obligaciones?

El señor Ramos no atribuye á su mujer sus mútuas desgracias, pues está persuadido que la demanda que ha entablado es mas bien efecto de condescendencia que de corrupcion. Sepárese el móvil que la ha seducido, y pronto se verá que la religion y la buena fé aprietan los nudos que solo la envidia se esfuerza en romper.

Hecho.

El señor Ramos es natural de Génova, y originario de una familia noble.

Su padre, que habia heredado un rico patrimonio en 1696, habia además aumentado su fortuna por medio del comercio. En 1716 envió á Francia á su hijo para continuar en él. Su capacidad y buena fé le proporcionaron bien pronto un floreciente establecimiento, de modo que pocos años despues estuvo en estado de retirarse del comercio, y conseguir el empleo de tesorero general.

El llamado Baprios le propuso en el mes de agosto de 1726 á la señorita Lorme como un partido muy ventajoso: exageró la fortuna del señor Duran su padrastro, proporcionándole una entrevista con élla en el jardin del palacio real, y habiéndole agradado, se apresuró á llevar á efecto el matrimonio.

Se le dió á entender que este asunto debia

conducirse con mucho secreto y misterio; porque siendo la señorita Lorme solicitada por otros partidos muy ventajosos, podia frustrarse el de que se trataba: esto era del todo indiferente para Ramos, y por otra parte, un hombre apasionado se presta facilmente á todo lo que debe asegurarle la posesion del objeto amado.

El señor Duran y su mujer estaban entonces en una casa de campo cerca de San Cloud.

El señor Ramos fué á casa de Baprios, desde donde volvieron juntos á Paris. El convenio se arregló al instante en los términos de costumbre. Se instruyó de él á la señorita Lorme, y recibió al señor Ramos no solo sin indiferencia, sino con la alegría propia de una persona de su edad.

El contrato de matrimonio se firmó el 5 de setiembre, y despues se dió un paseo por el jardin, hubo un pequeño concierto, que fué seguido de la cena, en que reinó de una y otra parte la alegría mas completa, y la misma señorita Lorme tocó el piano, dando las muestras mas marcadas de satisfaccion. Las cosas continuaron así hasta el 9 de setiembre que se volvió á Paris para los desposorios que debian verificarse por la tarde en Santa Eustachia, y ser seguidos de la bendicion nupcial la noche del 9 al 10. La señorita Lorme se prestó á todas estas ceremonias sin turbacion ni la menor sorpresa, dando un perfecto consentimiento en presencia del señor

mpra de dicha parroquia. Un ministro tan subio é
instruido en su deber no hubiera unido con el lazo del Sacramento á una persona en la que hubiera notado la mas pequeña señal de repugnancia. Así pues la señorita Lorme firmó el acta de
celebracion del matrimonio, y llenó todas las for-
malidades como una persona que obraba con toda
su plena libertad.

Cuando salió de la iglesia la señora de Ramos volvió á San Cloud con su señora madre y
el señor Duran su padrastro, y se acostó á su llegada: el señor Ramos hizo lo mismo algunas ho-
ras despues, y el dia se pasó en fiestas y regoci-
jos. Durante la cena, que terminó la conclusion
del dia, la señora de Ramos fué conducida por
su madre á la alcoba destinada para la consumacion del matrimonio: el señor de Ramos pasó
bien pronto á reunirse con su consorte; y el matrimonio se consumó con toda la satisfaccion que
los dos esposos debian esperar.

Todo participaba aún al dia siguiente de este
contento mútuo: por el dia las músicas y bailes
hacian lugar á los demás placeres; y la señora Ramos manifestaba tomar una gran parte, porque se
hallaba en una edad en que no se respira mas que
contento y alegría.

Las cosas permanecieron en esta situacion hasta el 27 de setiembre. El señor Ramos venia algunas veces á París, aunque permanecia poco; en

uno de estos intervalos fue cuando recibió una
carta de su esposa, que debemos transcribir aquí,
para que se vea qué sentimientos eran los que le
animaban en aquella época. «Como yo no estoy
acostumbrada, mi amado esposo, á escribir á los
hombres, me hallo mas embarazada que vos para
manifestar por escrito lo que siento: cuando nos
veamos lo haré mejor de palabra, y podré asegu-
raros de otro modo que soy del todo vuestra que-
rida niña. — *De Lorme.*»

Es fácil concebir que una jóven que escribe
en términos tan afectuosos, no dejaría de darle á
su vuelta pruebas mas tiernas de su cariño, y que
sería mas vehemente y expresiva en su presencia
que sobre el papel, por servirnos de sus propias
expresiones: así pues desde el 10 hasta el 27 de
setiembre el señor Ramos se acostó 15 noches con
su mujer, y siempre ha tenido ocasion de lison-
jearse de su ternura y amabilidad.

Desde este instante es donde comienza á formarse la tempestad, y parece que una mano enemiga esparce en los dias de estos nuevos esposos
tanta amargura y turbacion, como dulzuras y
satisfacciones habian disfrutado. Se ignoran todavía las causas de un acontecimiento tan inespe-
rado. Puede que el señor Durán no haya encontrado los recursos que esperaba de la fortuna del
señor Ramos, puede que un enemigo envidioso
haya esparcido infames sospechas, y puede tambien

que la flaqueza natural al sexo haya sido arrastrada por discursos seductores.

No profundizaremos estos misterios, contentándonos con examinar los hechos que se han hecho públicos.

El señor Ramos propuso á su mujer venir con él á París. Ella le contestó que tendria gusto de pasar unos dias mas en el campo, y habiendo accedido el señor Ramos, se vino solo. Pero al dia siguiente se sorprendió cuando supo que su mujer habia tambien llegado con sus padres, y que estaba en casa de estos: fué á visitarla, y la instó para que se trasladase á su casa, pero ella se escusó tan pronto con un pretesto como con otro. El señor Ramos empezó á concebir sospechas, y rogó al notario Menon interpusiese su influencia á fin de hacer cesar una separacion que empezaba á causar una especie de escándalo. El señor Menon se encargó de esta comision, y la señora de Ramos y su madre le contestaron que no habia recibido bastantes joyas y dinero para poder presentarse en casa de su marido. Al siguiente dia el señor Ramos le mandó mil doblones en oro, y tres mil en regalos diferentes. A la vista de tanto diamante los semblantes se manifestaron mas serenos, y prometió volverse á su casa dentro de dos ó tres dias; pero estas esperanzas se desvanecieron como todas las demás, y el señor Ramos se vió obligado á hacer á su mu-

jer una intimacion formal el 14 de Noviembre
de 1756, para que volviese á su compañía, á cuyo
efecto le mandó su coche con los criados necesarios para que la acompañasen. A la señora de Ramos no le ocurrió entonces la idea de que no estaba casada, y es contentó solo con decir que no le
acomodaba ni consentia vivir en casa de su marido por razones y motivos que manifestaría á su
tiempo y lugar.

Habiendo estallado la discordia desde este momento, la señora de Ramos pretende que ella misma solicitó una órden del rey para que se la admi-
tiese en un convento. En efecto el 5 de diciembre
la priora de las recoletas de la calle de Bae recibió
una concebida en estos términos. «Señora abade-
»sa de la inmaculada Concepcion: os escribo esta
»carta para deciros que recibais en vuestra casa á
»la señora de Ramos y que la custodieis hasta nue-
»va órden: pero podrá salir con el consentimiento
»del señor Ramos su marido, siempre que pague
»por su manutencion la pension que haya convenido con vos.»

Desde esta época ha permanecido tranquila en
este monasterio: el señor Ramos esperaba del
tiempo y de la madurez de la reflexion que su
mujer podría volver á su deber; pero el 28 de
abril de 1727 fue vivamente sorprendido de ver-
se citado en la vicaría para oir decir que no había
matrimonio entre la señora de Ramos y él, y que

en todo caso, se declarase que el contraido en la iglesia de Santa Eustaquia el 10 de setiembre de 1726 era nulo. Si el señor Ramos no hubiera consultado mas que sus intereses y la tranquilidad de sus dias, no se hubiera defendido de esta demanda, y habria dejado pronunciar la nulidad de un matrimonio, que despues de dichosos principios, no prometia ya mas que funestos presagios: pero el honor y la religion no le permitieron tomar un partido tan contrario á la verdad y á su deber. Sabia que el matrimonio habia sido concertado libremente, que habia recibido un sacramento que sería acaso profanado por un doble adulterio si consentia la demanda de la señora de Ramos; por lo mismo no ha titubeado en ceder á tan justos motivos, y el grito de su conciencia ahogó el del amor propio que le hubiera conducido á una condescendencia criminal. A la religion y á su deber es á quien hace el sacrificio de oponerse á la demanda formada bajo el nombre de su mujer. Ella misma le ha suministrado bien pronto los motivos mas sólidos para apoyar esta defensa en el interrogatorio que ha sufrido sobre los hechos articulados por ella en la alegacion del señor promotor.

Aquí es donde se ha descubierto la intriga y el fraude que solo anima y dirige este negocio, y cuesta poco trabajo reconocer que la señora de Ramos ha tenido muy poca parte en él. Mas bien se puede decir que desaprueba las suposiciones de los que la hacen obrar.

Esto se conocerá analizando sus respuestas, y no disminuiremos el valor de ninguna de las que los defensores de la señorita Lorme han mirado como favorables á la causa que se sostiene en su nombre. Se le pregunta como recibió la primera proposicion del matrimonio, y responde: «Que manifestó mucha repugnancia, y que el señor Ramos le habia desagradado en gran manera desde que le habia visto. Que su padrastro y su madre le habian dicho que era un partido muy ventajoso para quien no tenia bienes de fortuna como ella; que estaba contenido entre todos, y que el señor Ramos no le habia manifestado que trataba de casarse con ella.»

En esta respuesta no se halla mas que una repugnancia de parte de la hija, y una sabia exhortacion de parte de sus padres. ¿Es así como se usa de la opresion y la fuerza? ¿Dónde estan las amenazas, los malos tratamientos, los actos duros y violentos? Se puede parafrasear la respuesta, se puede hacer decir á los padres: No se trata de pediros vuestra opinion; el partido está tomado ya, y no os toca mas que obedecer. Puede hacérseles hablar con un tono decidido y violento, pero aun así nada tendria de particular ni extraño. *Tú no tienes bienes, la hicen los señores Duran, aquí tienes un partido do ventajoso que se le presenta.* Es facil vencer una lijera repugnancia, y la razon debe triunfar de las primeras prevenciones y no conviene desechar un negocio que solo está en vuestra mano, supuesto que todo se halla arreglado entre nosotros. ¿Cuál es el padre de familia que lleno de ternura por su hija no le hable así; y si accede á unas consideraciones tan justas podrá venir despues alegando violencia?

Se pregunta todavía á la señora de Ramos si no ha firmado el contrato del matrimonio en presencia del señor Ramos, el cual firmando *el primero* le presentó la pluma para que firmase á su vez, lo que verificó de muy buena voluntad. Responde que no sabe si se la leyó el contrato de matrimonio, porque estuvo en su cuarto hasta que los señores Barrios vinieron á buscarla para firmar.

Añade tambien que estaba tan turbada que no sabe quien la dió la pluma para verificarlo: que lo hizo debajo de lo escrito, á lo último del contrato segun la órden de su padrastro, y que estaba tan alterada que su propia firma será la mejor prueba, pues manifiesta una mano trémula y un pulso ajitado.

No se percibe desde luego ni amenazas ni violencias: un amigo viene á buscarla para firmar el contrato, firma todas las pájinas y firma al final del acto. Dice que estaba turbada; podrá

ser muy bien:´ hay pocas muchachas que en el
momento que se ligan para toda la vida, no es-
perimenten cierta ajitacion y sobresalto: pero
esto no es mas que un movimiento natural que
no puede atribuirse á la violencia que se supone,
y de la que no hay ningun indicio. Se podrá decir que la turbacion es una señal equívoca que
puede ser producida lo mismo por la alegría esce-
siva de una colocacion á la que no se aspiraba llegar, como por las inquietudes y por la pena de
un matrimonio que se repugna; y lo que vamos
á exponer, bien pronto persuadirá que la turbacion de la señorita Lorme provenia mas bien de
alegría que de pesar.

En efecto se la pregunta en el artículo siguiente: si en señal de satisfaccion no se sentó
al piano, y tocó un rato para divertir la sociedad,
y responde: «Que despues de firmar el contrato,
todos los circunstantes y la declarante fueron á
pasear por el jardin hasta las ocho de la noche: que á su vuelta la rogó su padrastro tocase
algunas piezas, pero que lo hizo tan mal, que
aquel la reprendió; que en seguida el señor Gar-
cía se puso á tocar, y despues concurrieron todos
á la cena, á que asistió tambien la que responde.

Confiesa supo que se habia publicado una amonestacion, y se habian dispensado las otras dos.
Que se habia confesado con el prior de los domi-
nicos de la calle de San Honofre entre la signa-

tira del contrato y la celebracion del matrimonio: que el confesor dió un billete á su madre: que el dia del desposorio como á las ocho de la noche se adornó poniéndose diamantes en la cabeza. Es cierto que dice fué su padrastro quien se los dió, pero se juzgará si esta circunstancia es perosimil. Añade que despues que se adornó bajó al jardin del palacio real, y que fué conducido á Santa Eustaquia para los desposorios: que el sacerdote la hizo algunas preguntas, pero que no se acuerda si contestó sí, ó no. Que desde allí se fué con su familia, es decir, con su madre y su padrastro, el señor Ramos, los señores Barrios hermanos, el señor Velilla su pariente y el señor Rodríguez á comer en casa de Perona.

Así desde la primera proposicion del matrimonio hasta los desposorios no se vé ni un solo indicio de violencia de parte de los señores Durán, y todo pasa tranquilamente.

Una lijera repugnancia, indicada al principio, segun se pretende, se desvanece á la primera reflexion del señor Duran: todo lo demás se hace de buena gana, y aun con alegría. El paseo, el concierto, la comida, en una palabra todos los placeres se suceden los unos á los otros. Alternativamente se cumple con los deberes relijiosos, y con los usos y costumbres profanas en los preparativos de boda. ¿Es aquí donde se reconoce esta víctima desgraciada, sacrificada por sus padres, arrastrada al lugar del suplicio, abatida bajo el peso de un poder tiránico? Estas son muy bellas pinturas, pero tienen el defecto de no parecerse á sus orijinales. Vamos en fin á ver la sola circunstancia á la que se puede atribuir la idea de alguna suerte de amenaza.

La señora de Ramos pretende que en el jardin del botánico se echó á los pies de su padrastro y de su madre, suplicándoles no se llevase á efecto este matrimonio, ó que al menos se difiriese ocho dias: que su madre se apesadumbró, y que el mismo señor Durán pareció ablandarse; que el señor Barrios convino en que se podria diferir alegando por pretesto que se hallaba indispuesta: pero que el señor Rodriguez insistió en que el matrimonio se verificase aquel mismo dia, lo que indujo al señor Durán á decir que queria que el matrimonio se hiciese, que tenia comprometida su palabra, y que si no consentia, al dia siguiente la metería en un convento y la abandonaría para siempre. El señor Ramos, segun el mismo interrogatorio, no estaba presente á esta escena, y no pudo tener de ella ningun conocimiento: pero es evidente que aun cuando fuese igualmente cierta cómo se supone no encerrária mas que una proposición justa y razonable de parte de Durán.

«Yo he arreglado en obsequio vuestro el negocio mas ventajoso que podiais esperar: si lo rehusais por un capricho, no me mezclaré mas en vuestra colocacion. Nada os debo: no os queda otro partido que retiraros á un convento, y os abandono á vuestra suerte: escojed en una palabra entre un matrimonio concertado, ú retiraros al convento que os espera.»

Aun cuando este discurso fuese cierto, cosa que el señor Ramos está distante de creer, no encerraría ni opresion ni violencia: estaba en la eleccion de la señora Ramos preferir retirarse á un convento antes que abrazar un matrimonio aborrecido.

En una palabra, este no es un miedo capaz de invalidar el matrimonio, como se probará despues.

Hay además lugar á creer que esta escena es una pura ficcion, pues en seguida se sentaron á la mesa con toda la alegría bulliciosa que es consiguiente á una comida de boda. A las cuatro de la mañana fueron á la iglesia de Santa Eustaquia. La señora Ramos confiesa que durante la ceremonia tuvo su mano asida de la de aquel, que recibió una pieza de oro y un anillo que metió en su dedo: añade que estaba tan turbada que no se acuerda si entonces mostró alguna repugnancia. ¿Puede manifestarse mejor su libre consentimiento en el instante decisivo y en presencia del sacerdote encargado de recibir á nombre de la iglesia la fé recíproca de las dos partes? Sin embargo, aquí es donde se descubre toda la indignidad de los que la hacen intervenir en una intriga tan detestable. Cuando se la pregunta si ha dicho *sí* en presencia del sacerdote, pretende que ha respondido *nó*: pero en seguida esplica este enigma de una manera tan ridícula, que es imposible pueda engañar á nadie. Dice que habiéndose adelantado su padrastro, la dijo: responde *sí*, mas que nada respondió: pero puede ser, añade, que el vicario y su ayudante creyesen que era ella la que decia *sí*, no siendo sino su padrastro. La salida es demasiado grosera; hasta ahora nadie se habia atrevido á imputar al señor Ortigosa que fuese capaz de casar á una muchacha que hubiese rehusado al señor Ramos por esposo. Su probidad, su religion demasiado conocida darían un solemne mentís á tal calumnia. Pudo muy bien haber oido pronunciar el *sí*, pero no soy yo quien lo ha dicho, ha sido mi padrastro. Famoso expediente y digno de los autores de intriga tan infame y escandalosa.

Acabemos la historia de las ceremonias por las propias respuestas de la señora Ramos. Declara que despues de la celebracion del matrimonio se fué con su madre y uno de los testigos que la dió la mano: que habiendo salido de la capilla, el señor Barrios mayor corrió tras ella para decirla que era preciso firmar á todo trance: que al momento volvió atrás, entró en la capilla y firmó· que no se acuerda qué persona la tomó la mano para obligarla á firmar.

Una jóven que hubiese respondido *nó*, ¿se hubiese prestado de tan buena gana á firmar el acta de la celebracion de su matrimonio? Conviene que al momento que se la dijo que era preciso hacerlo, volvió atrás, y firmó sin ser forzada. Aquí la iniquidad se halla confundida.

No nos estenderemos mucho sobre los hechos que siguen, porque la pretendida violencia debería hallarse en los que precedieron al matrimonio, pues los que le siguen son *completamente inútiles*; pero no queremos omitir una circunstancia importante, y que por sí sola debería cubrir de confusion á aquellos que son los que dirigen á la señora de Ramos.

El interrogatorio que ha sufrido está dividido en dos períodos: el 25 y 30 de junio: en el intervalo no deja de dar cuenta de lo que ha dicho, y se reconoce facilmente que no habiendo esplicado ningun hecho de violencia, la causa no se podia sostener, véase el recurso que se imaginó: él no hace mucho honor á los que le han inventado, y lejos de reparar el mal lo agrava considerablemente. Se le dictó una protesta contra sus mismas respuestas, y tuvo la simplicidad de llevarla escrita al señor provisor despues del segundo interrogatorio, quien la redactó en estos términos. «Hecha la lectura y antes de firmar

nos ha presentado un escrito que contiene sus
dichos y protestas, que consisten en que persiste
en los hechos de su demanda, sin perjuicio de
los que en lo sucesivo aduzca si no fuesen suficientes los alegados, declarando que las respuestas que podria haber dado en el presente interrogatorio, contrarias á sus derechos por no saber esplicarse, ó por falta de memoria, ó por la timidez natural á su sexo y edad, no podrán dañarla
ni perjudicarla: que habiendo perdido á su padre en edad muy tierna, siempre ha mirado al
señor Durán como á su propio padre, y ha sentido hácia él las mismas afecciones de cariño y respeto: que no ha firmado el contrato del matrimonio, asistido á los desposorios y á la celebracion, firmado el acta, ni se ha acostado con su
marido y hecho las demás señales exteriores sino
por fuerza y obligada, por evitar se la arro-
jase de la casa de su padrastro, y pasar el resto
de su vida en un convento.

No hay necesidad de hacer reflexiones sobre
un documento tan particular: hasta ahora no se
habia oido decir que ninguna parte hubiese protes-
tado contra las respuestas que ha dado delante del
magistrado. Su presencia es el asilo de la libertad
misma, y la persona interrogada no puede decir
que se la impide responder lo que quiera. ¿Por
qué pues se protesta contra unas respuestas dadas
libremente? ¡Ha! sin duda es facil conocer que

aquí se toma el nombre de la señora Ramos. Cuando ella misma se esplica sobre las circunstancias, le es muy violento acostumbrarse á las ficciones que se la sugieren, y demasiado hace en condescender hasta dejar percibir algunas señales equívocas; pero cuando se la hace hablar en las declaraciones y alegatos que se le dictan, entonces no se pone límites á las pretendidas violencias del señor Durán; pero ¿á quién creeremos mejor sobre hechos tan personales á la señora Ramos? ¿á ella misma, ó á los autores de la intriga? ¿Este contraste no manifiesta claramente la *picardía* y la suposicion?

Despues de haber expuesto los hechos del procedimiento no habrá que hacer grandes esfuerzos para combatir la demanda sobre nulidad de matrimonio: bastará solo invocar los principios mas seguros en la materia, y aplicarlos á los hechos de que se ha dado cuenta.

Un matrimonio en que no ha habido libertad, debe ser declarado nulo: esta es una de aquellas verdades grabadas en todos los corazones, y que es de derecho natural.

No hay libertad cuando se ha obrado bajo la impresion de un temor capaz de influir en un espíritu firme y constante: esta es tambien otra máxima reconocida por todos los doctores, y en que estan de acuerdo ambas partes.

No se mira como un temor de esta naturaleza aquel respeto de los hijos para con sus padres, y que los jurisconsultos llaman temor reverencial. Por sumision á su padre, una hija se decide á contraer un matrimonio, que no haría sino hubiese de consultar mas que á su gusto; pero esto no es un motivo para invalidar un matrimonio: en este caso ¿cuántos habria que anular? Mas bien se presume que es cordura en los hijos seguir los consejos ilustrados de aquellos á quienes deben su nacimiento, y de haberlos preferido á su propia inclinacion.

¿Cuál es pues el género de temor capaz de romper los lazos de una union tan solemne? Esto es lo que no siempre es facil determinar: *cum inter vim et vim sit differentia*, dice el Papa en el capítulo VI de Spons. *et utrum postea consensus intercesserit certum nubis nihil expressisti; nihil certim inde tibi possumus respondere.*

Tres caracteres deben encontrarse para dar á este miedo el efecto de resolver el matrimonio: es preciso primeramente que sea el temor á un mal enorme, de tal suerte que comparándole con un matrimonio detestado, puede juzgarse que una persona razonable se determinaría á abrazarle mas bien que sufrir un mal tan terrible. *Talis metus*, dice la glosa sobre el capítulo XXVIII de sponsalibus, *continet mortis periculum aut corporis cruciatum......* alias *vanus timor non escussat*: lo mismo afirma el señor Cobarrubias:

si quis videat sibi mortem iminere, vel membri mutilationem nisi cum Mævia contrahat matrimonium, elegit prudenter matrimonium contrahere, potius quam mortis periculum subire.

Segun estos ejemplos es facil conocer de qué miedo se habla cuando se dice que puede producir la nulidad del matrimonio: es el temor de la muerte ó de tormentos los mas crueles: es en una palabra el miedo á un mal capaz de arredrar á un varon fuerte, que comparado con un matrimonio aborrecido le parezca este preferible.

El segundo carácter de este miedo es que sea de un mal que envuelve cierta injusticia, porque si no verificando tal matrimonio á nada mas se expone que á sufrir lo que merece, ó á no conseguir lo que no se le debe, este no sería un temor capaz de invalidar un matrimonio.

Para esplicar esta máxima suponen los canonistas un hombre condenado á muerte, á quien se le ofrece la vida, si quiere casarse con una mujer que se le presenta. Cualquiera que sea la repugnancia que esperimente por este matrimonio, el temor de la muerte le decide á él; pero esto no es una razon para decir que ha carecido de libertad, y que no ha obrado mas que por temer, porque si no se hubiese casado no hubiera esperimentado sino la suerte que merecia.

En fin, el último carácter del temor es que debe ser excitado por tratamientos violentos y no por discursos vagos : es necesario hechos que caractericen la violencia, sin lo cual no se le puede dar valor.

Se ha convenido en estos principios por parte de la señora de Ramos, pero con algunas modificaciones esenciales: es necesario, se dice por ellas, que sea un miedo de un mal violento y terrible; pero se debe poner en esta clase el temor de perder su bienestar, y esto no se entiende solamente del bien que se posee, y que tenemos adquirido, sino tambien del que podiamos esperar. Así se interpreta el *metus amisionis bonorum* de que habla Cobarrubias. Además para excitar el miedo en el corazon de una jóven, no se necesita exijir la vista de los mismos males, que se creen capaces de conmover á un hombre en la fuerza de su edad. Por medio de estas distinciones se ha querido suavizar la severidad de principios en una materia en que es esencial no salir de sus límites y guardarlos inviolablemente.

Pero se trata inútilmente de alucinar con estas analogías. El miedo de perder todos sus bienes ¿es capaz de hacer sucumbir un espíritu fuerte y constante? Esto se podrá sostener en tesis general, pero la proposicion se nos resiste cuando se la quiere dar la estension que pretende el defensor de la señora de Ramos.

Una persona ha nacido sin bienes: tiene un pariente ó un amigo del que espera alguna cosa,

y este amigo procura establecerla proporcio-
nándola un partido ventajoso, y quiere contribuir
á la dote, asignándole de sus propios bienes una
cantidad considerable: añade que si no quiere ad-
mitir este partido, y si por capricho ú otra manera rehusa entrar en sus proyectos, retirará su
proteccion: la muchacha que teme se la abando-
ne, acepta la proposicion del matrimonio, y toma
por esposo aquel que no hubiera elejido si hubiera podido prescindir de los socorros que se le
ofrecian. ¿Este será un medio capaz de invalidar
el matrimonio? ¿Es este el que Cobarrubias entiende cuando habla del temor de perder todos
sus bienes?

Volvemos á repetir que esta es una proposicion
que choca á primera vista; la jóven entonces no
es llevada del miedo de perder su bienestar porque nada tiene, sino por el atractivo de propor-
cionarse una fortuna de que necesita; no es el temor de perder, sino el deseo de ganar el que la
determina. Esta no es pues una circunstancia que
pueda perjudicar nunca á la valídez del matrimonio. Pero, se dice, ella ha tenido miedo de permanecer en la miseria. Esto será cierto, pero esta
miseria era su estado normal, y no debia causarle novedad: podria muy bien desear salir de él,
podria aspirar á una fortuna brillante., y por este motivo sofocar dentro de sí misma la mayor
repugnancia; pero el deseo de adquirir, ó mejor

dicho, el temor de no adquirir, no es mas que
un motivo que excita, y no una violencia que
sojuzgue y escluya la libertad.

Si fuese de otro modo todos los que nacidos
en una miserable condicion, fuesen pretendidos
para contraer matrimonio con personas de un
rango muy superior, nunca serían libres, pues
no se decidirían sino por el temor de permanecer
en el estado funesto en que la Providencia los habia colocado.

Esto sería conmover los fundamentos mas sólidos de la sociedad, poner en duda la validez de
un matrimonio celebrado con tales circunstancias;
si el miedo de perder un bien puede considerarse suficiente para quitar la libertad al matrimonio es solo en el caso en que la violencia y
la injusticia quieran arrebatarnos un bien que
nos pertenece lejítimamente.

Pero se nos dirá este caso es imposible: ¿no
estan siempre abiertos los tribunales de justicia
para reclamar y ponernos al abrigo de toda ve-
jacion? Así cuando los canonistas hablan del miedo de perder sus bienes, no tratan de los que
se poseen, sino de los que se espera alcanzar.

Semejantes objecciones no merecen ser refu-
tadas. ¿Quién está pues siempre en estado de reclamar contra la injusticia? Si así fuese nunca de-
beríamos temer un mal que no habiamos merecido, porque siempre tendríamos vengadores seve-

13

ros en los majistrados. ¡Qué ilusion! Mas por no separarnos del objeto de la pérdida de los bienes, pongamos un ejemplo. Un rico negociante tiene todo su caudal en su cartera, en billetes del banco. Se la quitan por la fuerza ó la astucia, y en el momento se le amenaza de quemar todos sus efectos si no consiente en un matrimonio que se le propone: queda arruinado si retarda un instante, ¿pues qué socorro puede esperar de la justicia? Antes que pueda llevar á ella sus quejas estará perdido. Sufre pues la ley de la violencia, y se casa. Aquí teneis un *ejemplo* del miedo *amissionis bonorum.*

En tiempos de revueltas un hombre investido de una autoridad temible amenaza á otro de perderle., si no verifica su matrimonio con una persona que le señala. Vá á hacer caer sobre él todas las desgracias imajinables, capaces de hacer desaparecer en un momento su fortuna: en vano llamará en su favor los socorros de la justicia y de las leyes: aquel hombre es superior á todo; cede pues al temor de perderse sin recurso. Á estos tiempos borrascosos suceden otros mas bonancibles, y reclama con razon. Aquí teneis otro ejemplo, y se podrian citar otros muchos. El que dijese entonces que no habia tenido libertad, por el miedo de un mal tan funesto, diría la verdad: pero en el caso de una hija que nada tiene, y que teme no se la conceda ninguna venta-

ja, si rehusa la alianza que se la propone, pretender que un miedo de esta especie impida un consentimiento lejítimo; es el colmo de la ilusion y
el trastorno de todos los principios.

La segunda modificacion que se ha querido
hacer por parte de la señora de Ramos á la severidad de principios ha sido decir que las jóvenes por
la debilidad de su sexo pueden ser combatidas
por un miedo menor. Este pretesto no merece el
honor de la refutacion, porque al fin desde que
la iglesia considera á una jóven capaz de dar libremente su consentimiento, juzga del mismo
modo que tiene bastante firmeza para resistir á
un temor frívolo. ¿De otro modo cómo habríamos
de juzgar del grado ó fuerza de firmeza? Esta
puede depender del carácter, de la educacion, y
de otras mil circunstancias. Puede haber una presuncion general en favor de los hombres, pero
en cuántas ocasiones no corresponderá el resultado, por lo que será muy peligroso entrar en
semejantes distinciones. Encerrémonos pues en
los principios. Para atacar un matrimonio es preciso que la libertad sea combatida por un mal
enorme, un mal que encierre en sí mismo una
injusticia, y que haya sido anunciado por violencias esteriores. Apliquemos estos principios á los
hechos de la causa.

Se puede reducir la defensa del señor Ramos á dos proposiciones generales: la primera es

que la señorita Lorme no ha sido violentada antes del matrimonio: la segunda que ha confirmado despues la libertad del consentimiento por una infinidad de circunstancias.

Si hemos de juzgar de la libertad de la señora de Ramos antes del matrimonio por todas las señales de alegría y satisfaccion que ha manifestado exteriormente, se podria decir que ha habido pocas personas que hayan abrazado un compromiso tan serio con un consentimiento mas perfecto: no habia mas que placeres que los unos se sucedian á los otros.

La señora de Ramos lo deja ver demasiado en su interrogatorio. El dia del contrato del matrimonio, despues de firmarle, pasea, hay concierto y gran cena. El dia de los desposorios la novia se presenta con todo el lujo y ostentacion capaz de lisonjear á una jóven. Agrega al tocador mas esmerado el brillo de los diamantes, que vá á lucir. En fin el dia de la boda conviene en que ha bailado una parte de él.

Añadamos tambien que en el intervalo de la firma del contrato y la boda, no ha olvidado lo que la religion exije en tales casos, y se preparó á recibir el sacramento del matrimonio por el de la penitencia; no pretende haber esplayado sus penas en el seno del director espiritual, haberle manifestado sus amarguras, ni implorado su caridad para ablandar la severidad de su madre y padrastro : todo pasó en una perfecta calma.

En efecto ¿á qué se reducen los pretendidos actos de violencia? ¿Cuál es el miedo á cuya impresion la señora de Ramos pretende haber cedido?

No habla mas que de dos circunstancias que pueden tener alguna relacion. La primera es la que sucedió el dia de la proposicion del matrimonio. Pretende que hizo ver la mayor repugnancia á este matrimonio, y que su padrastro y su madre la dijeron *que era para ella un partido muy ventajoso, no teniendo bienes, y que todo estaba convenido entre ellos.* Supongamos esta conversacion en los mismos términos que la cuenta la señora de Ramos, ¿puede reconocerse en ella ni amenaza ni violencia?

Todo viene á reducirse á una amonestacion moderada, y en la que solo se excita su propio interés, sin manifestar ninguna autoridad. Es precisamente el caso de la ley XXII del Dijesto *de ritu nuptiarum*, y de la nota de Godofredo sobre esta ley: *si patre cogente duxit uxorem quam non duxerit si sui arbitrii esset, contraxit tamen matrimonium, quod inter invitos non contrahitur, maluisse hoc videtur.* Este término de la ley «*si cogente patre*» ha parecido duro, y por esplicarle Godofredo ha puesto su nota: *suadente admodum et urgente atque hortante, non tamen vi cogente aut nimis.*

Es pues permitido á un padre que halle resistencia en una hija, exhortarla, *urgente*, y llevarla por el aliciente de su propio interés. Es cierto que no debe usar de amenazas y de violencias, pero nada se encuentra semejante en esta respuesta: *es un partido ventajoso para tí que no tienes bienes; todo está arreglado entre nosotros.*

Desechemos esta primera circunstancia, en la que nada se halla mas que una prudente reflexion, á la que sin duda la señora de Ramos hubiera cedido, si fuese cierto que se le hubiese hecho.

La segunda y última circunstancia *es la que se* supone por la parte contraria que pasó en el jardin de Perez entre los desposorios y el matrimonio;

Se pretende que la señorita Lorme habiendo solicitado que no se verificase el matrimonio, ó la menos que se difiriese, y estando ya á punto de ceder su madre y padrastro, un amigo que habia sido convidado á la boda, se opuso á lo dispuesto por toda la familia, y obligó al señor Durán á emplear su autoridad con dicho objeto; circunstancia que se resiste á toda verosimilitud.

Porque ¿cómo se puede concebir que el señor Durán, dejándose ablandar de las lágrimas de su hijastra, y cediendo á la opinion de su mujer y del señor Barrios, hubiera cambiado de repente, verificando el matrimonio contra la intencion de tantas personas interesadas? Pero ¿cuál es el carácter de violencia que se imputa?

La señorita de Lorme no tenia bienes: su madre, aunque casada con el señor Durán, no estaban en buena inteligencia, y se hallaban separados. Así este no tenia obligacion de darla mas que la subsistencia. En este estado halla un partido muy ventajoso para la señorita Lorme: firmado el contrato matrimonial, hechos todos los preparativos de boda, se le propone desbaratarla todo. ¿Cuál es la persona que estando en el lugar del señor Durán no se hubiera incomodado y dicho á la señorita de Lorme «ó lleváis al cabo un negocio tan adelantado, ó debeis retiraros á un convento, donde os abandono á vuestra propia suerte y fortuna? ¿Dónde está pues la violencia? ¿Y puede decirse que la señora de Ramos haya estado combatida por el miedo de un mal enorme, y de un mal que envolvia cierta injusticia?

Por lo que toca á la violencia, ni siquiera se puede imaginar: es una eleccion natural la que se propone á la señorita de Lorme, eleccion entre el retiro pacífico de un convento ó un matrimonio que repugna. ¡Y qué! ¿para una muchacha de diez y siete años el convento es un mal tan funesto y terrible que su idea la horrorice y abata? Este matrimonio, al que se supone tenia tanta repugnancia, que la misma muerte no le parecia un mal mas cruel, este matrimonio pues le prefiere á un convento, no en el que se quiere que entre religiosa, sino donde solamente se pretende que se retire. Es preciso que este matrimonio no le fuese tan espantoso, supuesto que le pareció menor mal que vivir en un asilo apacible y tranquilo. ¿Es necesario mas que esto para desvanecer las ideas de desesperacion que se pintan en los escritos que aparecen en su nombre?

Pero, se nos dirá, hay un mal mas temible que el convento, y este es el miedo de ser abandonada de su padrastro, de quien lo esperaba todo. Esto es lo que ella llama miedo de perder su bienestar; pero se hizo ver que esto es abusar de los principios. La señorita de Lorme no temia perder nada, supuesto que nada tenia; pero temia no adquirir, temia quedar en el estado en que la Providencia la habia colocado. Temia no hacer un enlace para el que su padrastro contribuiría con sus propios bienes. Este es el miedo, si se quiere, que la ha decidido: pero lejos de que pueda perjudicar la libertad del matrimonio, es por el contrario el que la asegura.

El consentimiento que habia precedido al matrimonio ha sido confirmado despues por una infinidad de circunstancias posteriores; y estas circunstancias son tales, que si se pudiera suponer que hubiese habido anteriormente alguna violencia, se hubiera desvanecido, y no tendria ningun valor despues del consentimiento que le ha

seguido. Esto es lo que forma la segunda proposicion.

Nadie duda que el consentimiento posterior
repara el vicio que el miedo hubiera podido producir al tiempo de contraer el matrimonio, y la
señal mas cierta de la ratificacion es la de haberse consumado el matrimonio ó la cohabitacion
que lo hace presumir. Esta razon es de tanto
mas peso para hacer subsistente el matrimonio,
cuanto que la mujer despues no puede pretender
éstar vírgen. En el mismo sentido se esplica el
señor Cobarrubias cuando dice que la accion que
se deduce del miedo cesa por la cohabitacion que
hace presumir una aquiescencia perfecta.

Pero, se nos dirá, yo niego la consumacion,
y vos no teneis de ella ninguna prueba. Hago mas,
ofrezco probar que estais convencido en que no
la hubo nunca. En fin, aunque la consumacion se
probase, no excluiria la accion de nulidad del matrimonio, si habia sido por efecto del mismo miedo que habia influido al celebrarse aquel.

Todos estos razonamientos son muy débiles
contra las reglas inviolables que se han establecido. La consumacion no es una circunstancia que
el marido pueda probar por testigos; pero se presume de derecho por la cohabitacion y armonía
que ha reinado durante un tiempo entre el marido y la mujer. La oferta de justificar que el señor Ramos está convenido en lo contrario es el

último ardid á que se apela en una causa desesperada; ¿pero este hecho es mas admisible que los demás? ¿Un marido va á entretener al público con los misterios del lecho nupcial? A el solo toca dar cuenta de ello á la justicia, y el señor Ramos lo ha hecho en su interrogatorio. No es lícito escuchar otras pruebas, *si vir dicat quod eam cognovit*, sobre todo cuando la declaracion del marido está sostenida en circunstancias esteriores que no permiten dudar de su sinceridad. Mas la consumacion no escluye la demanda de nulidad cuando es siempre el efecto del temor: esto es cierto, si se prueba que actualmente y en el tiempo de la consumacion á la mujer se la forzaba á ceder á la violencia y al furor. Que un hombre arrebatado, teniendo en la mano un puñal, obligue á una mujer á ceder á sus deseos, esta consumacion sin duda no pasaría por una aquiescencia libre; pero que una mujer pretenda que se ha casado porque se la amenazó de enviarla á un convento, haya despues concedido á su marido todos los favores que tenia derecho de esperar, y en seguida venga reclamando contra el matrimonio como hecho por fuerza, es el colmo de la lijereza.

No ha consentido solamente la consumacion del matrimonio, despues de celebrarle, sino que manifestó una gran alegría por los bailes, las risas, los placeres de la música y de la comida. Esla alegría en que conviene en su interrogatorio, no se aviene con la desesperacion de una desgraciada víctima que se acaba de sacrificar. Los trajes de boda comprados dos ó tres dias despues del matrimonio, los seiscientos doblones, los diamantes que recibió, la visita que hizo al señor Ramos en su casa para arreglar la distribucion de los aposentos y de los muebles, todos estos hechos hablan demasiado claro si se les exâmina: porque decir que todo esto no es personal á la señora de Ramos, y hacerlo recaer todo en su madre, es una ilusion que está bien desmentida por el concierto que reina entre madre é hija, que no permite dudar que lo que hacia la una lo aprobaba la otra.

Pero aun cuando no hubiera mas que la carta escrita al señor Ramos por su mujer muchos dias despues del matrimonio, carta en que le llama su caro amigo, y en la que le ofrece ser mas tierna á su presencia que por escrito, ¿faltaría todavía alguna cosa para convencer la impostura? ¿Esta carta, reunida á otras tantas circunstancias, no demostraría evidentemente que en todo ha sido libre antes y despues del matrimonio? No hay pues lugar á temer que una demanda tan escandalosa como la que se ha entablado bajo el nombre de la señora de Ramos pueda nunca ser escuchada. Una hija desgraciada entregada á su pesar á un esposo que detesta debe encontrar asilo en el tribunal sagrado de la justicia, aunque no fuera mas que por sensibilidad á sus desgratias ya que no por religiosa observancia á las reglas santas de la iglesia: su sacrificio debe ser destruido, sus cadenas rotas y su libertad restituida.

Mas luego que una jóven elije un esposo por deferencia á los sabios consejos de su familia, cuando á los pies del altar se liga por un sentimiento formidable, sin estar cautiva bajo el peso de una violencia á que no puede resistir, la religion entonces ejerce sus derechos sin ninguna reserva; celosa del honor del Sacramento no sufre que la inconstancia se interponga en su dominio, y pueda romper los lazos que ha formado.

No hablaremos del peligro de las consecuencias, y de la turbacion que una funesta condescendencia podria causar en las familias.

Estos motivos tan justos y tan interesantes deben ceder á mas grandes objetos: el honor de la religion, la santidad del Sacramento, la pureza de las costumbres.

No se pueden mantener sus sagrados derechos sin desechar una demanda en que se violan todos á la vez.

DEFENSA DEL PRÍNCIPE DE POLIGNAC

POR EL SEÑOR DE MARTIGNAC.

(fragmento).

Pares del Reino.

Una de aquellas grandes crisis que la Providencia permite sin duda para la instruccion de los pueblos y reyes, derribó una dinastía, levantó un trono, y fundó sobre nuevas bases otra monarquía hereditaria. Un cetro hecho añicos, poderes colocados sobre las ruinas de poderes destruidos, y una reaccion moderada pero inmensa, que abraza todos los miembros del cuerpo político, son pruebas incontestable de las vicisitudes á que se hallan sujetos los hombres y los estados.

Los montes de Escocia ocultan al mundo al monarca poderoso, cuyas armas derribaron no ha mucho aquel baluarte de la barbarie, que hasta entonces se habia burlado de la civilizacion y de toda la cristiandad. Poquísimos dias señalaron el intervalo entre una gloriosa victoria y la mas espantosa caida, y apenas tocára el déspota vencido el suelo que le prometia un asilo, cuando el rey vencedor buscaba una tierra hospitalaria que quisiese recibirle en su destierro.

Todo está mudado á nuestro alrededor, las cosas y los hombres. Otra bandera reemplazó la que se viera undular en nuestros edificios, y otro juramento responde á Dios de obligaciones nuevas. El origen del poder real y sus límites, la constitucion de los primeros cuerpos del estado, y las cláusulas principales del pacto fundamental que nos liga, se modificaron sufriendo las consecuencias del profundo sacudimiento que conmovió hasta en su base el edificio social.

En medio de tantos elementos transitorios y móviles, de tantas cosas que nacen de la accion y destruyen la reaccion; una sola permanece inmutable, eterna, inaccesible á las pasiones, independiente del tiempo y de los sucesos: esta es la justicia: y cualquiera que sea la bandera que flota en su templo, cualquiera que fuese el poder supremo que dirige sus sentencias, para ella nada se altera, nada se mueve, nada varía, sus deberes son inmutables, porque la verdad y la ley son sus únicas reglas.

Señores: los pueblos lo saben, y por eso hasta su nombre impone respeto: y si algunas veces pudieron las pasiones echarlo en olvido, nunca duró mucho este error, y la noble entereza del majistrado volvió á hallar muy pronto en la universal estimacion la digna recompensa de la ciega sumision á sus preceptos.

Esta justicia de todos tiempos y lugares amparará hoy á esos hombres que hablaron ante vosotros en nombre del soberano poder, y comparecen ahora perseguidos y acusados, á esos hombres cuyo aparato de pujanza y dignidad se ha convertido en aparato de vigilancia y proteccion.

La justicia de que se trata es la que puede desafiar á la historia, porque antes de todo quiere ser imparcial como aquella, y á su presencia comparece un ministro del rey caido, un ministro cuya memoria está enlazada con desgracias, desastres, sangre vertida, cuyo nombre se pronunció con frecuencia en medio de la irritacion y de la cólera, pero á quien se debe oir por mucha que sea la desconfianza que inspire su defensa.

En medio de tantos hombres de talento, cuya elocuente voz resuena en favor de la desgracia, me ha escojido á mí, para que hable en su nombre, ilustrando la conciencia de sus jueces y la opinion del pais. Doce años há que los asuntos públicos me alejaron de la noble profesion del foro, de la que solo recuerdos y tristes impresiones me quedaban, y por lo mismo me arredró la obligacion que contraje, considerándola muy superior á mis débiles fuerzas. Sin embargo, vencí los temores que me desalentaban, porque la voz de un hombre en peligro que nos llama tiene

un prestigio imperioso que impone y que
subyuga.

Voy á llenar en este dia aquel mandato del
infortunio, cuya profunda gravedad comprendo.
¡Ojalá pudiese hacerlo con aquella impavidéz que
requiere el cumplimiento de un deber, con aquel
comedimiento que nunca irrita á los que debemos conmover, y aquella fuerza de razon que
cautiva, persuade y convence!

Tales son mis deseos mas ardientes y sinceros, y facilmente los comprende vuestra probidad. Aquí la defensa puede ser grande y protec-
tora, pues la verdad y la razon pusieron en mis
manos todos los elementos reunidos del triunfo á
que aspiro. Solo mi incapacidad pudiera hacerlos
estériles, y siento acá en mi corazon que el recuerdo de una tentativa infructuosa y de una vana confianza le oprimiría como un eterno re-
mordimiento.

Necesito, señores, toda vuestra benevolencia;
pero tambien creo que puedo esperarla, porque
no eché en olvido las lecciones de la esperiencia.

Los acontecimientos que nos traen ante vosotros no pueden desprenderse de la causa que los
produjo, y debo, antes de hablaros de ellos,
atraer vuestra atencion hácia los tiempos pasados; atravesar con vosotros aquella época tempes-
tuosa y dificil que precedió y preparó la catástrofe de que acabamos de ser testigos, y deciros co-

mis mis ojos asustados vieron aglomerarse sobre el trono los rayos que le han herido y destrozado.

La revolucion de 1789 honrada con tanto valor y manchada con tanta sangre y crueldades, habia hecho perecer innumerables víctimas: su hez terrible segó cuanto pudo en la familia de nuestros reyes.

Veinte años trascurrieron despues de aquellas sangrientas catástrofes durante las cuales los príncipes de aquella familia proscrita conservaron en el extranjero la dolorosa memoria de sus desgracias; hasta que abriéndoles las puertas los acontecimientos de 1814 volvieron á su patria en medio del desórden de una invasion extranjera.

Por mucho tiempo alimentára Luis XVIII la idea de que la primera necesidad de un buen rey era dar á la Francia instituciones jenerosas, y para realizar esta idea, en la que le confirmaba el estudio que habia hecho del espíritu de su tiempo y de su pais, se aprovechó de la feliz coyuntura que le ofrecia su regreso al trono de sus abuelos. Formóse la carta para unir lo pasado con lo presente; pero aquel pacto, destinado á ser perpetuo, se estendió con precipitacion, y se resintió acaso de la poca reflexion y madurez que le habian producido.

Aquella nueva institucion fué otorgada por el

rey en virtud de un derecho preexistente, de un derecho independiente de ella, que su fundador tenia de su nacimiento. Debió considerarse *bajo* este aspecto al imajinarla y escribirla, y en efecto así se hizo. La carta adoptada francamente por la poblacion industriosa y activa, obtuvo desde luego pocos aprobadores entre aquellos cuyos recuerdos de ambicion y orgullo avivaba fuertemente el regreso de la dinastía proscrita. Los primeros vieron en la carta un jérmen fecundo de instituciones populares: los otros una causa *inevitable* de nuevos disturbios.

Solo el tiempo y la esperiencia podian reunir los ánimos, y hacer de aquel pacto, fielmente ejecutado por una y otra parte, una prenda de union; pero los acontecimientos reanimaron las divisiones y avivaron los odios.

La Francia y la familia que le habian devuelto, aun no habian tenido tiempo de echarse mútuamente una mirada escrutadora para ponerse de acuerdo, cuando el monarca guerrero, cuya gloria llenaba aun la imajinacion de toda la Francia, volvió de su destierro, y marchó por medio del pueblo sorprendido, y del ejército arrastrado por el ejemplo, hasta el trono de que poco antes descendiera.

Luis XVIII y su familia obligados á abandonar otra vez el palacio de sus mayores, y buscar de nuevo asilo y apoyo en tierras extranjeras, no pudieron someterse por segunda vez á tan triste necesidad, sin pensar con detenimiento en su primer destierro y en los males que les habian acompañado.

La guerra estalló nuevamente: los Borbones volvieron, y esta vez su destino pareció hallarse desprendido de la fatalidad que lo habia dominado.

Sin embargo, debemos decirlo, porque es una verdad que pertenece á la historia, y debe repetirse para instruccion de los monarcas y de los pueblos, una de aquellas reacciones violentas que la dulzura de nuestras costumbres y el recuerdo de tantas vicisitudes deberían hacer imposibles entre nosotros, enajenó los corazones, y fecundó las semillas renovadas de odio y de venganza.

Muchas veces se tuvo ocasion de conocerlo; porque en toda restauracion hay una dificultad casi insuperable, y es, que los compañeros de destierro é infortunio, los antiguos partidarios de la dinastía reintegrada, los que le permanecieron fieles ó que pueden finjir haberlo sido, se presentan en la nueva comunidad con pretensiones incompatibles con las existencias establecidas, con las dignidades adquiridas, con las costumbres formadas bajo el gobierno caido. Los unos quieren recuperarlo todo, los otros dificilmente se resignan á perder; y dos intereses, no solo diferentes sino contrarios, se dividen el suelo comun.

, . Mucho tiempo, prudencia, buena fé y felicidad son necesarios para fundir juntos elementos tan encontrados de discordia; y hasta que se restablezca tan dichosa armonía, una lucha intestina, una guerra sorda y peligrosa agita y atormenta el pais.

. . Tan triste guerra no perdonó al nuestro. Por muchos años conspiraciones sucesivas echaron gérmenes de desconfianza y alarma en los corazones de aquellos que rodeaban al trono, y tal desconfianza llegó hasta el mismo solio. Si únicamente hubiesen salido nombres oscuros de las pesquisas', no se hubiera visto en ellos mas que descontentos aislados, odios individuales; pero no fué así, y detrás de aquellos nombres oscuros se columbraban varias veces otros nombres populares y famosos, que daban á los movimientos recientes, aunque comprimidos, un carácter muy serio y grave de generalidad. La muerte del duque de Berri, herido por el hierro de un asesino, vino á añadir un sentimiento de terror vago, pero profundo, á los recuerdos pasados é inquietudes presentes.

Cesaron las conspiraciones cuando la emancipación de la prensa periódica dejó entera libertad á la manifestacion del pensamiento; mas esta misma libertad dió á conocer toda la intensidad del mal, probando hasta que punto el espíritu de oposicion habia penetrado en las masas.

Creo que el mal, aunque grave; no carecia de remedio: creo que aun podrian entenderse la dinastía y la Francia; y que si la necesidad de una gran suma de libertad, y el deseo de aumentar el poder democrático, en perjuicio del poder real, se habian hecho imperiosos y urgentes; esa propension de los ánimos, que se habia de combatir con modestia y satisfacer con discernimiento, no iba hasta la destruccion del trono y dinastía, sino en un número reducido de entusiastas ó demagogos.

Luis XVIII murió sin haber podido remediar aquellos males que habia comprendido perfectamente. Y con todo el reinado de su sucesor empezó vajo favorables auspicios. Las primeras palabras del nuevo rey fueron afectuosas y llenas de confianza, y su primer acto fue la libertad de la prensa resuelta en los últimos dias de la vida de su hermano.

Entonces comenzó al parecer una nueva era; pero no se supieron sostener tan hermosos principios. Constantemente obcecados por dos ideas contrarias, el príncipe y la parte activa de la poblacion se alejaron otra vez uno de otra.

Así que asustado el príncipe por las invasiones de la democracia, buscaba los medios de contenerla; la subdivision infinita de las propiedades le pareció una de las causas del mal, y creyó hallar un antídoto en las leyes que propendian á

aglomerar las herencias, y aquellas leyes dese-
chadas por nuestros hábitos y nuestros intereses,
tales como el tiempo los hiciera y la opinion los
adoptára, se consideraron como indicios ciertos
de tendencias retrógradas, como los primeros
pasos de un deseado retorno á antiguos y detes-
tados privilegios.

Los estravíos de la prensa parecieron al príncipe un peligro inminente contra el cual debia
preservar su gobierno á todo trance, y todos los
esfuerzos dirijidos contra la prensa se consideraron en el pais como actos hostiles contra sus li-
bertades, como tentativas hechas para que la
verdad no penetrára en las masas, ni se defen-
dieran los intereses populares.

La opinion pública, la de la majistratura, la
de un gran cuerpo del estado señalaban como
una causa de trastornos y justas alarmas la influencia siempre ascendiente del clero, y sobre
todo el establecimiento é intervencion progresiva
en la educacion pública de una corporacion severamente juzgada por la historia, y acusada de
profesar doctrinas contrarias á nuestro derecho
público: y la corte y el príncipe asustados de la
propension de los ánimos, de la disposicion de
la juventud, del poder siempre en aumento, de
las ideas liberales bajo un aspecto religioso y
político, no veian en lo que irritaba á la majistratura, á los pares y al pais sino obstáculos

á una inundacion que sin ellos sería inevitable.

Así es que en lugar de marchar juntos á un mismo término, el gobierno y la mayoría de la nacion se alejaban unos de otros, acostumbrándose á mirarse como adversarios, y que una lucha constante minaba y destruia lentamente el órden social establecido entre nosotros.

Entre tanto las necesidades del gobierno representativo produjeron una grave modificacion en el sistema del gobierno. Las elecciones hechas á fines de 1827 llevaron á la cámara electiva los elementos de una mayoría animada de otras ideas que las mayorías precedentes, y entonces no se le ocurrió á Carlos X buscar medios de salvacion fuera de la Carta, sino que formó otro ministerio, anunciando solemnemente que queria conformar el espíritu de la legislacion con el del código fundamental vigente.

No espereis de mí, señores, que alabe ó vitupere los actos de aquel ministerio: no hago mas que referirlos con las consideraciones que las circunstancias exigen, y siempre con franqueza é imparcialidad. No hablo como defensor solamente, sino como historiador, exponiendo los acontecimientos que nos han traido donde estamos, como son á los ojos de los demás, á lo menos como yo los he visto.

El ministerio nuevamente llamado créyó ver en la desconfianza recíproca en que se encontraba la dinastía y la inmensa parte de la poblacion, que se habia adherido sinceramente á la Carta, un peligro que era preciso conjurar antes de todo: comprendió que para disiparlo se necesitaba conceder al pais, en cuanto pudiese hacerse sin peligro de la corona, todo lo que propendiese á tranquilizarle sobre los proyectos que tanto temia.

Combatieron vivamente las medidas que tomaron los defensores exaltados del poder real, y todos los que rodeaban al príncipe se las señalaron constantemente como concesiones *funestas* que desquiciaban el trono, y entregaban *la dinastía* desarmada á sus enemigos. Atacado el ministerio por esta parte en el ánimo del monarca, no lo era menos en el del pueblo, puesto que todos los órganos de la prensa entregaban á la mas amarga censura, á la mas violenta agresion sus actos, sus palabras y hasta sus intenciones.

En la cámara electiva se declararon dos oposiciones contra él, cuando propuso una ley que pedian encarecidamente todas las opiniones. El principio en que aquella ley se apoyaba era democrático y popular; pero aquellos á quienes debió satisfacer ese principio no vieron mas que los límites en que se hallaba contenido, en términos que la discusion del proyecto de ley se hizo imposible desde sus primeros pasos por la reunion de los dos partidos contrarios, y la corona, que hacia este primer ensayo en una carrera nueva para ella, en la que entraba con la mas viva inquietud, se dió prisa en retroceder.

En este accidente; lo confieso, no ví un sistema resuelto de oposicion hostil, y pensé que la lucha no empezaba sériamente sino entre la democracia que obraba para invadir y el poder real obligado á defender con cordura y firmeza sus prerogativas amenazadas; pero no creí que la dinastía ni el trono se hallasen sériamente amenazados.

Mas lo que no creí yo otros pudieron creerlo. El descalabro parlamentario que sufrió el ministerio dió los medios á sus enemigos para que pudiesen sostener que no llenaba las condiciones del gobierno representativo, no contando con una mayoría indudable.

Por otra parte se pintó la prensa amenazadora, trabajando sin cesar en la destruccion del edificio social: señalábase la accion siempre en aumento, que asociaciones declaradas ejercian sobre las elecciones; repetíase que aquella accion era de tal naturaleza, que muy pronto haría pasar el poder reservado á la cámara electiva á manos enemigas: pedíase una éjida contra aquella invasion inminente, y se pronosticaba, en caso de persistir en el sistema seguido hasta entonces, las mayores y mas inevitables desgracias. Invocáronse tristes memorias, hablóse de los males que la debilidad causára, de la sangre que habia hecho verter, y los deberes que imponia á la corona el cuidado de su conservacion.

Muchas simpatías hallaron tamañas memorias en los ánimos ya llenos de los mismos recuerdos, imbuidos en los mismos temores, sobrecojidos de los mismos presentimientos, y la caida del ministerio quedó resuelta.

Existia un hombre conocido por su larga fidelidad, por su adhesion absoluta á la dinastía reinante, por su afecto sin límites á la persona del rey Carlos X; un hombre esperimentado por grandes peligros y desgracias, que habia habitado muy poco tiempo en Francia, y de consiguiente conocia muy poco su espíritu y sus disposiciones; pero que habiendo hecho en un pais vecino un estudio constante del gobierno representativo, habia reflexionado sobre diversos elementos su equilibrio necesario y el contrapeso regular que debia ser para la accion popular una aristocracia bien organizada.

Aquel hombre, dotado de una piedad viva y sincera, y cuyas costumbres eran puras y sus modales afables y corteses, con todo era capaz de resolucion y entereza. Nunca le detenian las dificultades mas sérias, no porque tuviese en sí mismo ni aun que creyese tener la fuerza suficiente para superarlas; pero cuando habia tomado una resolucion, considerada como un deber, estaba lleno de confianza en el sentimiento ó idea que se la habia sugerido : creia facilmente lo que le dictaba su conviccion, y se dirijía en derechura hácia el término cerrando los ojos en cuanto á los obstáculos.

El hombre de que hablo no se hallaba acostumbrado á nuestros debates parlamentarios; habia visto muy poco la cámara electiva, y no podia prometerse luchar por mucho tiempo en la tribuna contra una oposicion viva, hábil y esperimentada. Pero semejante deber no le hubiera asustado si hubieran debido imponérsele, no porque tuviese una vanidad ridícula en talentos infusos, sino porque hubiera previsto la dificultad de anunciar claramente una idea que juzgase útil. En una palabra, era el hombre en quien podia pensarse en el dia del peligro, no para conjurarle, sino para luchar contra él con una completa abnegacion de sí mismo. Aquel hombre á quien ya habeis nombrado, á quien tendré ocasion de daros á conocer mejor en el curso de tan tristes debates, es aquel que ha colocado su cabeza y su memoria bajo la débil salvaguardia de mi palabra: es aquel que está ahí á mi lado, que por mucho tiempo estuvo sentado al vuestro; aquel á quien hoy llamais el acusado, y ha querido que yo le llame mi cliente.

Muchas veces habia tenido Carlos X el pensamiento de llamarle á su consejo, porque aquel monarca reconocia la necesidad de tener por órgano intermedio entre sus ministros y él un hombre seguro y á toda prueba con quien pudiese abrirse y sin reserva, en cuyo corazon pudiese depositar sus temores y deseos, su descontento y sus satisfacciones escasas y cortas. Desde principios de 1829 habia querido confiarle los negocios del exterior; pero la resistencia que experimentó en el consejo y que las circunstancias explicaban complétamente, le habia hecho abandonar este proyecto; pero por fin el 8 de agosto del mismo año M. Julio de Polignac fué llamado al ministerio de negocios extranjeros.

Bien sabeis, señores, á que hombre le dió el rey por colega, y que grito de sorpresa causaron nombres tan inesperados. Pretendieron muchos que semejante empresa era el primer acto de un sistema convenido para echar abajo la Carta, y que este sistema quedaría consumado antes que pudiera tomarse una precaucion defensiva, ni organizarse la conveniente resistencia. Sin embargo los nombres de M. Chabrol conocido por la moderacion de sus opiniones, de M. de Courvoisier, que habia dejado á la cámara la memoria de sus doctrinas constitucionales, de M. de Rygni cuyos principios de adhesion á la Carta eran tan notorios como su valor y su habilidad, aquellos nombres indicados en la real órden de formacion de ministerio, eran incompatibles con la idea de un plan concebido para la destruccion de nuestras instituciones, y no permitían creer en él. En efecto pasaron tres meses, y nada insinuó que tal resolucion se hubiese tomado.

Operóse en aquella época una modificacion en el consejo, separando de él al ministro cuyo carácter era mas firme y pronunciado, cuyos principios parecian mas absolutos, y cuyo nombre se habia presentado en la prensa como el signo mas brillante de una voluntad hostil á la Carta. M. de Polignac quedó nombrado presidente del consejo, y bien sabeis si debió este honor á su ambicion personal ó á otras consideraciones.

No os recordaré, señores, el principio de la legislatura de 1830; ni el discurso del trono, ni aquella contestacion de la cámara de diputados que dió á conocer al rey la poca simpatía que existia entre ella y los consejeros de la corona, ni la suspension de aquella cámara, ni su disolucion casi inmediata. Tales hechos estan demasiado presentes á vuestra memoria para que sea necesario recordarlos.

Convocáronse los colegios; pero antes de su reunion una nueva revolucion se verificó en el gabinete.

En lugar de los señores de Chabrol y de Courvoisier se llamó con los señores de Chantelauze y Capelle á M. de Peyronnet, contra quien un ministerio de seis años debió amontonar muchas prevenciones y animosidades.

Señores, no puedo pronunciar el nombre de M. de Peyronnet sin una emocion que comprendereis facilmente.

Nacidos en la misma ciudad, en el mismo año, hemos visto correr juntos en medio de los placeres y de las penas nuestra infancia, nuestra juventud, y muy pronto nuestra edad madura. En todas partes nos hemos encontrado: en el colegio, en el foro, en la magistratura, en las cámaras, y hoy, despues de haber pasado ambos por las grandezas humanas, nos volvemos á encontrar, yo como en otro tiempo prestando á un acusado el socorro de mi palabra, y él cautivo, perseguido y obligado á defender su vida y su honor amenazados.

Tan larga confraternidad, que tantos acontecimientos habian respetado, la interrumpieron un momento los tristes efectos de las disensiones políticas. El recinto en que nos hallamos resonó á veces con el eco de nuestros debates llenos de acritud ; pero de todos estos recuerdos el de nuestra antigua amistad ha comparecido solo en la fortaleza de Vincennes.

Señores, una voz elocuente y amiga os esplicará cuán injustas eran las prevenciones que excitára su regreso al ministerio, probándoos que sus intenciones eran generosas y leales. A mí no me pertenece hacerlo, y hasta ahora no hago mas que referir.

Hiciéronse las elecciones, y á pesar de la intervencion personal del rey en tan desagradable lucha, produjeron lo que habian previsto los que conocian el espíritu del pais. Constituyóse de nuevo la cámara disuelta, y los electores respondieron al llamamiento que se les habia hecho, volviendo á enviar á la corona los mismos que la corona habia rechazado.

Tentar otro ensayo era imposible, y solo se presentaban dos partidos, entre los cuáles era preciso obrar sin dilacion: el uno tomado en las condiciones del gobierno representativo, y consistia en poner al ministerio en armonía con las exigencias parlamentarias: el otro tomado sin esas condiciones, y substituia la peligrosa prueba de los golpes de estado á la accion regular, ya muy difícil, de la Carta constitucional.

Sin embargo, no debemos dudar que vacilaron en decidirse; pero los dias de la restauracion estaban contados, y varios motivos, cuya importancia estimaremos mas adelante, inclinaron la balanza hácia el último partido.

Disuelta la cámara de diputados; las leyes electorales abolidas de real órden; los colejios electorales compuestos de nuevos elementos; un sistema restrictivo de la libertad de imprenta provisionalmente establecido, abrevió el cuadro de aquella obra de un dia, que dejará tan largos recuerdos y tan profundas huellas.

El 26 de Julio de 1830 supo París la invasion repentina que el poder real hacia en vuestras leyes, y segun los murmullos que de todas partes se oyeron y la ajitacion viva y creciente que se manifestó con rapidéz, segun la fisonomía inquieta y amenazadora de los distritos populosos, fué facil prever que una lucha terrible se preparaba, y que los goznes de la máquina social ya se hallaban fuera de su quicio.

Aquí, señores, los acontecimientos se chocan, se precipitan y se confunden en términos, que apenas puede seguirlos la imajinacion, y el ánimo clasificarlos con órden. Solo el tiempo nos permitirá juzgar con imparcialidad las innumerables escenas del terrible drama, cuyo teatro fué París por espacio de tres dias. En este momento no recuerdo mas que los hechos generales, que aquellos que dominan y pueden descubrirse y señalarse por cima de aquella masa confusa y de aquel inmenso movimiento.

.. En todo el dia 26 la noticia de las reales órdenes que solo el *Monitor* habia publicado, se habia estendido por toda la capital. Notáronse por la noche algunos grupos poco numerosos: el palacio de los negocios extranjeros se vió circundado con frecuencia; cometiéronse algunas devastaciones y varias guardias fueron insultadas.

Los movimientos tomaron el 27 un carácter mas serio; muchos jornaleros se dispersaron por

vários distritos, y la resistencia pareció abierta
y declarada. Sin embargo hasta entonces la masa activa de la poblacion no habia tomado parte
en los acontecimientos, y la accion popular encontraba mas simpatía que cooperacion.

El mariscal duque de Ragusa gobernador de
París habia recibido letras de servicio, y se hallaba investido con el mando de todas las tropas que
componian la primera division. Creyó que debia
desplegar muchas fuerzas para oponerse á las
reuniones, y con este motivo circulaban por los
distritos ajitados algunos batallones de la guardia y del ejército, y la sangre de los ciudadanos
empezó á correr mezclada y confundida con la
de los soldados.

El 28 por la mañana habia desaparecido el
motin, y en su lugar se presentaba una revolucion entera. Destruidos los atributos de la corona, enarbolados los colores de 1789, el concurso
de un pueblo inmenso entregándose á un movimiento dado, aquella sucesion no interrumpida
de combatientes, aquel desprecio de la muerte
que anuncia una resolucion invariable, aquel respeto á la propiedad privada que descubre un objeto
mas elevado, aquel órden en el ataque y aquella
táctica comun en la defensa que indican jefes hábiles y un plan convenido, todos aquellos elementos de destruccion proclamaban un pacto roto, y
una guerra sin tregua al rey y á la dinastía.

15

Ignoro si era posible en aquel momento levantar diques que pudiesen contener el torrente, y tendria dificultad en creerlo; pero lo cierto es que no se habian tomado las medidas necesarias para intentarlo. Ni el rey ni los ministros sospecharon el efecto inmediato de sus actos, y aquel movimiento eléctrico, aquella resistencia agresora, no los encontraron en estado de defenderse.

Algunos soldados del ejército que hubieran resistido con valor á los ataques de los enemigos, y no resistieron á los de sus compatricios; algunos batallones, algunos caballos, algunas compañías de artillería de la guardia, echados en medio de París sublevado, colocados en la mas difícil posicion en que puedan hallarse hombres de honor, llenaban con triste valor ó inquieta obediencia aquel deber de soldado, de que gemia su corazon francés: tales fueron los obstáculos opuestos á aquella revolucion devoradora, obstáculos impotentes, obstáculos inertes que no podian ni aun momentáneamente suspender su curso.

Los ministros amenazados en sus casas, agitados de los mas siniestros presentimientos, se reunieron en el palacio de las Tullerías, que parecia defendido por una fuerza suficiente. Supieron allí por distintos conductos que la confusion habia llegado á su colmo, y que los poderes constituidos segun la ley ya no tenian accion ni existencia.

Privado París de sus magistrados, y de toda acción legal, iba á caer en un estado de anarquía cuyas consecuencias no podían calcularse. Por eso creyeron que debían concentrar la autoridad donde estaba la fuerza, y París se declaró en estado de sitio.

¡Vana precaución! Triste é inútil formalidad! El movimiento no se detenia, al contrario marchaba arrastrándolo todo tras sí, y la amenaza impotente espiraba sin haberse oido.

Terrible fué la noche. El sonido lúgubre de la campana de alarma, el fuego de la mosquetería y el del cañon anunciaba sin cesar que la sangre francesa corria derramada por manos francesas.

El 29 por la mañana el pabellon popular ondulaba sobre el antiguo Louvre, las casas consistoriales, el arsenal y en todas partes. Pronto se le vió vencedor y amenazante sobre la habitacion de nuestros reyes, y la muchedumbre penetró en tumulto irritada y dominante en aquellos lugares donde un rey poderoso recibia poco antes los homenages de la Francia y de la Europa.

Entonces se hicieron varias tentativas para recuperar lo que se habia perdido; se propusieron otras medidas; se nombraron nuevos ministros; se revocaron las reales órdenes; pero ya no era tiempo: todo estaba consumado, y la tardía abdicacion del rey y su hijo no pudo salvar la dinastía.

Por tercera vez la familia real se alejó proscrita del suelo de la patria, que debe ser tan doloroso dejar, para llevar á tierras extranjeras recuerdos dolorosos, y la desgracia que de cuarenta años á esta parte se ha pegado á sus pasos.

Tamaña catástrofe se habia verificado con la mayor disciplina: nunca brillará tanto órden en medio de la anarquía, nunca tanta humanidad en el combate. Admirados de su seguridad, de su libertad, de la pacífica posesion de sus propiedades aquellos hombres para quienes estos acontecimientos eran contrarios á sus afectos, á sus sentimientos é intereses, se vieron obligados á hacer al pueblo vencedor tan rara y resplandeciente justicia.

Ya sabeis, señores, todo lo que sucedió despues: el trono declarado vacante; la Carta renovada y modificada; los pares nombrados por Carlos X privados de su dignidad; la institucion del procerato sometida á una revision, y el advenimiento del duque de Orleans y de su dinastía: todos aquellos actos solemnes que consumaron la revolucion de julio, son conocidos en el dia de toda la Europa.

Entre tanto los ministros que habian firmado las reales órdenes, trataban de buscar lejos de París un asilo contra los resentimientos, cuya violencia no se disimulaban. Ningun acto de la autoridad legal habia mandado, ú autorizado su arresto: sin embargo, prendióse á cuatro de ellos en medio de los peligros de la efervescencia popular, y se les encerró en las prisiones.

M. de Polignac, reconocido, denunciado y cogido en el momento en que iba á salir de Francia, vió mas de una vez sus dias amenazados, hasta que regresó cautivo á esa ciudadela de Vincennes, donde ya habia perdido los mas hermosos años de su borrascosa vida.

Mientras pasaban tales sucesos, una acusacion propuesta por un señor miembro de la cámara de los diputados se ampliaba contra los antiguos ministros.

Habíase nombrado una comision que principió una sumaria informacion, pero la falta absoluta de toda ley no tardó en detenerla en su marcha, y convencida de la insuficiencia de una autoridad indefinida, que habia de mostrarse impotente ante la primera resistencia, volvió á la cámara que le habia delegado un mandato incompleto para pedirle los poderes que el código de instruccion criminal concede á los fiscales y cámaras del consejo.

Grave é importante cuestion era, señores, la de saber si tales poderes debian pertenecer á la cámara de diputados, y en virtud del artículo de la Carta, que solo le dá derecho de acusar y pedir la formacion de causa, podia disputársele el de interrogar á los presuntos reos, oir á los testigos, hacer en una palabra aquellos actos de fiscalía que la ley confiere, no al ministerio público que acusa, sino al juez que pesa y pronuncia.

En todo caso el silencio de la Carta hacia indispensable al parecer el concurso de los tres brazos del poder legislativo. La ley concede el correspondiente poder á los fiscales y á las cámaras del consejo, y de consiguiente parece que la cámara de diputados ó sus delegados solo de la ley habian de recibir poderes de la misma naturaleza. No obstante la comision los recibió de una decision emanada de la cámara.

Formóse una sumaria, y tomóse declaracion á los acusados, quienes no opusieron resistencia alguna á tales hechos, y limitándose á protestas generales, se sometieron á las órdenes que se les intimaron, sin poner en cuestion el poder que las dictaba.

Lo que no hicieron entonces, tampoco tengo mision de hacerlo hoy; pero he debido referir exactamente todos los hechos de la acusacion, y hacer ver los primeros tropiezos que hubieron de darse en una causa instruida sin el apoyo de una legislacion cualquiera, y las extrañas irregularidades que produjeron. Mas adelante tomarán estos inconvenientes tal grado de gravedad, que me veré en la obligacion de designarlos como obstáculos reales, que vuestra sabiduría vacilará en vencer.

Acabada la instruccion que juzgó conveniente hacer, dió parte la comision á la cámara por medio de un informe, obra de un hombre de conciencia y muy hábil, de un juez ilustrado, de un ciudadano leal y generoso; con todo, se resintió de aquella prevencion involuntaria que suele dominar hasta en los ánimos mas justos, y de que es tan dificil precaverse cuando debemos juzgar los hechos y á los hombres bajo el influjo de una inmensa crísis y de la exaltacion que produjo.

Expuso la comision que las reales órdenes de 25 de Julio no eran un hecho aislado, nacido de las circunstancias del momento, sino efecto de un plan meditado hacia muchos años por Carlos X: que los diversos actos que habian marcado los primeros años del reinado de aquel monarca, llevaban todos la estampa del espíritu contrarevolucionario de que estaba animado: que si en 1828 se dió alguna tregua á sus proyectos, se continuaron con mas ardor y voluntad en 1829, y que se formó el ministerio el 8 de agosto con el fin de ejecutarlos.

A la cabeza de los consejeros secretos que decidieron al rey á ponerse en guerra con su pueblo, la comision colocó al príncipe de Polignac, á quien designó como representante de la faccion contrarevolucionaria, *como aquel en quien fundaban mucho tiempo hacia sus esperanzas los* enemigos del órden y de las leyes : contó los movimientos diversos operados sucesivamente en el gabinete, y la convocacion y disolucion de las cámaras.

Pasando á los actos criminales que habian de justificar la acusacion, señaló la comision aquellos deplorables incendios que habian desolado algunas provincias, asustando á la Francia entera: no acusó formalmente á los ministros, pero declaró que las sospechas habian encontrado tanta oscuridad en su correspondencia, que le era imposible sobre este asunto sentar un juicio de algun peso.

Tambien refirió la comision las amenazas violentas y las intrigas culpables ejercidas con motivo de las elecciones, y disuelta la Cámara antes de reunirse, enviando los avisos á los diputados en el mismo instante en que se les arrebataba su mandato, con la presunta intencion de apoderarse de sus personas á su llegada por real órden, y destruido el sistema electoral por otro decreto del poder con desprecio insolente de las disposiciones de la Carta.

Hizo ver en seguida la ejecucion odiosa y sangrienta dada á medidas tan criminales, la órden comunicada á los jefes de los cuerpos desde el 20 de julio sobre la conducta que habian de observar en caso de alarma, el mando de la primera division confiado el dia 25 al duque de Ragusa, autor de la órden dada cinco dias antes: la fuerza armada haciendo uso de sus armas contra una poblacion inofensiva, sin provocaciones ni advertencia alguna; las órdenes para que se hiciese fuego al pueblo sin ninguna consideracion; el dinero repartido á los soldados para escitarlos al asesinato; París tratado como ciudad enemiga, y puesto en estado de sitio; los consejos de guerra preparados; la libertad de los ciudadanos amenazada, y en medio de tan espantoso cuadro M. de Polignac presidiendo todos estos desastres, insensible á todas estas desgracias; prescribiendo el asesinato, ocultando al rey la terrible verdad, que pronto iba á abrirse paso; rechazando sin verles á generosos ciudadanos, nobles diputados que se ofrecen como medianeros, que solo piden en nombre de la paz pública la destitucion de aquellos ministros cuya presencia hace verter sangre, y llamando en fin tropas nuevas para volver al combate.

Despues de tan fúnebre relacion, cuya exactitud reconoceremos; la comision contó el resultado de aquella lucha mortal, recordó la tardía resolucion de Carlos X, las reales órdenes retiradas y los ministros destituidos; pero exclamó con la comision municipal, que ya no habia ministros ni monarca: la guerra habia pronunciado.

Tal fué el informe que la comision de acusacion sometió á la cámara de diputados, y en el que apoyó su proposicion.

Esta proposicion consistia en que los antiguos ministros fuesen acusados de *traicion*

«Por haber abusado de su poder á fin de violentar las elecciones, privando á los ciudadanos del libre ejercicio de sus derechos cívicos.

«Por haber mudado arbitraria y tiránicamente las instituciones del reino.

«Por haberse hecho reos de una conspiracion contra la seguridad del estado.

«Por haber promovido la guerra civil armando ó excitando á los ciudadanos á armarse unos contra otros, llevando la devastacion y el asesinato hasta la capital y á muchas otras poblaciones.»

Y como el crímen de traicion, el único que podia fundar la acusacion, no se halla determinado, previsto ni castigado por ninguna ley, la comision indicaba á la cámara como disposiciones penales que podian aplicarse á los acusados, los artículos del código que preveian los crímenes que aquella acababa de recordar, y habian de constituir la traicion.

La comision proponia al fin que se entregase á los acusados á la cámara de Pares, nombrando tres comisiones para seguir ante aquel supremo tribunal la acusacion intentada.

Despues de una discusion severa y grave, como lo exijia la materia, pero no violenta ni apasionada, la cámara de los diputados adoptó la resolucion propuesta. La minoría que la rechazaba era poco numerosa; pero faltaban cien miembros en sus bancos, y bien sabeis por qué causa; en fin la cámara elijió su comisario, y en todas aquellas operaciones fué facil de notar que no se hallaba animada de ningun espíritu de venganza ciega ni de rencor personal. Y séame permitido hacer á la cámara de diputados la justicia ejemplar de que en sus primeras deliberaciones no dominó ninguna pasion vergonzosa, y citar mi presencia en este sitio como una prueba convincente de su moderacion y lealtad.

Miembro yo tambien de la cámara de diputados, vengo á defender ante vosotros á uno de los que aquel cuerpo acusa. Elejido por el presente reo no pude empeñar mas que mi propia voluntad; pero esta se hallaba subordinada al consentimiento del cuerpo político á que tengo la honra de pertenecer, y su denegacion hubiera sido un obstáculo que la misma voz de la humanidad no hubiera podido vencer. Tal denegacion ni hubiera sido extraña ni rigurosa: la cámara de diputados dejando á la defensa de los acusados toda la latitud que reclama la justicia, podia prohibir á un miembro de ella que fuese á combatir ante otra cámara y contra sus delegados una acusacion que creia deber intentar y sostener.

No quiso ejercer tan incontestable derecho, y entre las voces severas que se oyeron para proponer y apoyar la acusacion, ninguna se halló para oponerse á esa intervencion de un miembro de la cámara en la defensa de los que persigue. Aun diré mas: cuando, antes de la apertura de los debates, anuncié públicamente en la tribuna la eleccion del primer acusado, y la promesa que habia hecho en todo lo que dependiese de mí, un murmullo de adhesion se levantó de todos los bancos, y la cámara tuvo al parecer una especie de satisfaccion grande, jenerosa, digna de ella, al consagrar la entera libertad de la defensa aun antes de discutir la acusacion. Quisiera en honor de los comunes de Inglaterra que se encontrase en su historia un ejemplo semejante.

Con todo, debates de esta naturaleza, colocados tan cerca de los acontecimientos que los han producido, debieron dispertar las pasiones apenas adormecidas, y reanimar una exaltacion que solo el tiempo puede apagar. Amigos de desórdenes y factores de trastornos se aprovecharon de esta disposicion de los ánimos, para impeler al pueblo por el camino funesto que conduce á la anarquía y al crímen. No habeis olvidado esos crueles carteles que condenaban á muerte á los que solo pertenecen á la justicia, ni esos grupos tumultuosos que pedian sangre y suplicios, ni aquella noche terrible en que la sedicion armada

intimó á la lealtad, que entregase los presos con-
fiados á su guardia.

Justamente alarmadas de una efervescencia
tan temible, las familias de los acusados querian
prevalerse de las leyes, que para asegurarse de
la libertad de la defensa y de la independencia
del juez, autorizan que se pida el traslado de un
tribunal á otro: bien sabian que se trataba aquí
de un tribunal único que ningun otro podrá
reemplazar, pero querian pedir á la cámara que
se trasladase á un lugar distante de una atmós-
fera abrasada, en que el juez no puede permanecer impasible ni frio, á un lugar en que una sentencia de muerte no se pareciese á un sangriento
edificio hecho á la violencia, en que una sentencia menos espantosa no se hallase sometida á la
funesta revision de una muchedumbre estraviada.

En Paris, decian, se ha consumado el grande acontecimiento que todo lo ha trastornado:
aquí es donde la sangre ha corrido; por todas
partes encuentran nuestros ojos las huellas de
una corta pero terrible lucha; allí está la huesa
en que descansan las víctimas; allí estan los padres, las viudas, los hijos de los que perecieron;
á nuestro alrededor los sentimientos violentos;
las pasiones exaltadas estallan en desórden. ¿Ois
esos gritos de muerte? ¿Veis esos anatemas escritos con caracteres de sangre? Por todas partes el odio, por todas la venganza: lo que

se pide no es la sustanciacion de la causa, es la destruccion y la muerte. ¿No es bastante para pedir lo que las frias leyes llaman *suspicion lejítima*, y para abrir á los acusados el recurso protector que les dejan?

Así hablaban, señores, esposas, hijos; y con palabras que habian de oirse de su boca para comprender toda su enerjía. Sin embargo no cedieron los acusados á su influjo, calmaron dolorosos temores, siniestros presentimientos, y en medio del terror que los rodeaba, no recusaron el pretorio donde la justicia los esperaba.

En la conciencia de un hombre honrado y de valor, que cumple con su deber, hay algo cuya voz es mas elocuente que los furores populares, y bien saben los acusados que será la única á que se dé oidos al pronunciar el fallo.

Por eso el lugar en que se estableciese el tribunal nada tenia que pudiese asustarlos acerca de la independencia de sus jueces, ni podian temer con mas fundamento las violencias exteriores.

No ignoran por cierto, que la exaltacion popular puede producir muchas desgracias, y venderian la verdad si dijesen que oyeron sin emocion las sanguinarias amenazas con que muchas veces oyeron pronunciar su nombre: pero aquella emocion nunca fué mas que momentánea, y la reflexion la destruyó. Mucho dista en Francia un clamor violento de un espantoso crímen: en

un hombre desarmado, que no se halla en estado
de defenderse, entregado á los tribunales que la
ley designa, ó ya juzgado por ellos, hay algo
tan sagrado é inviolable que contendrá hasta el
furor de los partidos.

Los anales de aquellos tiempos de anarquía,
cuyo aciago retorno repele la Francia con horror,
no ofrecen ningun recuerdo de semejante aten-
tado, y nunca pudiera una parte de esa poblacion
parisiense, cuyo valor nadie pone en duda, ni la
jenerosidad aun mas heróica, lejos del peligro, y
en medio de la paz pública, dará el primer ejemplo de un sangriento ultraje hecho á las leyes y á
la justicia.

Así lo pensaron los acusados: la dignidad de la
corona, el honor del procerato, los sentimientos
generosos que no abandonan jamás á los habitantes de una gran ciudad aun en medio de la
efervescencia, por último la presencia de aquella
valiente milicia, modelo de prudencia y firmeza,
que se encuentra donde quiera que el debil tenga
necesidad de socorro, en que el buen órden reclama un apoyo, en que las leyes invocan la fuerza; y tantos elementos de seguridad les parecieron garantías suficientes. No se han prevalido de
la ley, y llegados ante vosotros en medio de ese
concurso que se agolpa al rededor del recinto en
que nos hallamos, dan gracias al cielo por haber-
les inspirado tan justa y lejítima confianza.

En fin abriéronse los debates. Habeis oido á los testigos y buscado la verdad con aquel ardor que inspira la necesidad de enterarse para ser justos: los acusadores han levantado su voz grave y austera, han hablado no como otras veces Pym persiguiendo á Straffort con el furor y encarnizamiento de un enemigo personal, sino como magistrados que conocen la severidad de su mision, y fieles hasta los mas estrechos límites á los mandatos rigorosos que recibieron del poder acusador, de quien son órganos.

A su vez los acusados pueden hablar á sus jueces, y por la primera de mucho tiempo á esta parte algunas voces amigas van á mezclarse á tantas voces acusadoras. Llamado yo á defender al primero que designa la venganza pública, soy tambien el primero que ha de revolver las grandes y numerosas cuestiones que hace nacer el proceso, y á pesar de la desventajosa comparacion que ya puedo hacer entre el peso que me imponen y el sentimiento de mis fuerzas, emprenderé mi tarea con confianza, viendo á mi lado los corazones generosos y los talentos justamente honrados con quienes la divido.

Bien sé que puesto que vienen despues de mí en la carrera en que voy á entrar, ningun error se quedará sin reparar, ninguna debilidad sin apoyo, ningun pensamiento útil y noble sin órgano. Mi seguridad se funda en el socorro que me presten, y en el vuestro sobre todo. Cuando invoquemos los principios, vuestra alta razon irá delante de la nuéstra; y cuando hablemos en nombre de la justicia y de la humanidad, vuestra conciencia y vuestro corazon os dirán mas que nuestras palabras.

DISCURSO DE MUZA REANIMANDO EL VALOR DE LOS SUYOS.

(Fragmento.)

Dejad, señores, ese inútil llanto á los niños y á las delicadas hembras: seamos hombres y tengamos todavía corazon no para derramar tiernas lágrimas, sino hasta la última gota de nuestra sangre: hagamos un esfuerzo de desesperacion, y peleando contra nuestros enemigos, ofrezcamos nuestros pechos á las contrapuestas lanzas: yo estoy pronto á acaudillaros para arrostrar con denuedo y corazon valiente la honrosa muerte en el campo de batalla. Mas quiero que nos cuente la posteridad en el glorioso número de los que murieron por defender su patria, que no en el de los que presenciaron su entrega. Y si este valor nos falta, oigamos con paciencia y serenidad estas mezquinas condiciones, y bajemos el cuello al duro y perpetuo yugo de envilecida esclavitud: veo tan caidos los ánimos del pueblo que no es po—

sible evitar la pérdida del reino; solo queda un recurso á los nobles pechos, que es la muerte, y yo prefiero el morir libre á los males que nos aguardan. Si pensais que los cristianos serán fieles á lo que os prometen, y que el rey de la conquista será tan generoso vencedor como venturoso enemigo, os engañais, estan sedientos de nuestra sangre, y se hartarán de ella: la muerte es lo menos que nos amenaza. Tormentos y afrentas mas graves nos prepara nuestra enemiga fortuna; el robo y saqueo de nuestras casas, la profanacion de nuestras mezquitas, los ultrajes y *violencias* de nuestras mujeres y de nuestras hijas, opresion, mandamientos injustos, intolerancia cruel, y ardientes hogueras en que abrasarán nuestros míseros cuerpos : todo esto veremos por nuestros ojos, lo verán á lo menos los mezquinos que ahora temen la honrada muerte, que yo por Alá que no lo veré.

La muerte es cierta y de todos muy cercana. ¿Pues por qué no empleamos el breve plazo que nos resta donde no quedemos sin venganza? Vamos á morir defendiendo nuestra libertad: la madre tierra recibirá lo que produjo; al que falte sepultura que le esconda, no le faltará cielo que le cubra. No quiera Dios que se diga que los Granadíes no osaron morir por su patria.

DISCURSO DE MANCO CAPAC ACONSEJANDO LA SUMI-
SION EN SENTIDO INVERSO, Y QUE SEGUN NUESTRO
SISTEMA SE PUEDE COMPONER EL UNO POR EL OTRO.

(Fragmento.)

La profecía del Inca mi padre se ve cumplida:
una nacion extranjera me ha arrojado de mi trono, ha abolido nuestras leyes, y profanado nuestra religion. Si yo me hubiera convencido de
esto antes de tomar las armas, me habria sometido
con humildad al decreto del cielo, porque es preciso confesar que dejando aparte la justicia, todas las circunstancias de la profecía convienen á
los españoles, pues traen estos á su disposicion y
usan libremente del rayo de los dioses, con lo que
prueban la proteccion del Todo-poderoso. Ellos
con un puñado de soldados destruyen ejércitos
numerosísimos, viven sin alimentos, y en los
combates se presentan siempre con nuevo vigor,
de lo que se infiere que la mano de Pachachamac
los sostiene, y que al mismo tiempo que á ellos
los vigoriza, derrama el abatimiento y el temor
sobre nuestros espíritus. Sujetémonos pues: este
es el medio único de evitar mayores calamidades;
yo me retiraré á las montañas de los Andes, y será
mi mayor consuelo el saber que bajo el dominio
de estos nuevos dueños gozais del sosiego y la felicidad. En mi triste soledad la dicha de mis va-
:

sallos será mi única ocupacion : suplícoos pues que os sujeteis á los españoles obedeciéndoles del mejor modo posible para que os traten bien, y espero de vosotros algun suspiro ó lágrima cuando os acordeis del desgraciado príncipe que siempre amó á su pueblo.

(DEL SUBLIME).

Un periódico sensato decia en la mayor efervescencia de la guerra civil que desolaba nuestras provincias del Norte, personificando el desengaño, estas sentidas y sublimes palabras con que se pueden describir la mayor parte de los males que afligen nuestra mísera sociedad.

Son las doce de la noche y un sepulcral silencio cubre el espacio de tierra tendido entre las columnas de Hércules y el nivoso Pirineo. Los habitantes de este espacio de lágrimas y de horrores duermen, suspiran, ó gimen en silencio. Los rios que le atraviesan siguen su curso, aquel curso tan antiguo como el mundo, tan impasible como la razon, y tan perenne como las desgracias de los habitantes de sus riberas. Sobre las aguas del Tajo, del Ebro, del Miño, del Duero y del Guadalquivir blanquean á la luz de la luna los insepultos huesos de desdichados españoles sacrificados por el atroz puñal de la discordia civil, á quienes solamente hace los honores fúnebres el melancólico susurro de las aguas que se rompen en las raices de los árboles y en las piedras: De cuando en cuando se oyen á lo lejos los mortíferos tiros de fusil disparados por los centinelas abanzados de los opuestos bandos, que para defender una existencia llena de necesidades y dolores, vendrán á las manos, y se despedazarán como perros rabiosos á la salida del sol: de ese sol hermoso y benéfico que debiendo aparecer en el horizonte para derramar sobre todos los seres la alegría, la animacion y la vida, será mañana su salida la señal del combate del hombre con el hombre, de la muerte, del horror y de la orfandad. Tranquila duerme la inocente niñez: esa generacion naciente destinada á levantar un dia el hermoso templo de la justicia y de la libertad sobre los delitos y la esclavitud de sus infortunados progenitores. Dormid, inocentes, dormid, y dormid en un sueño tan profundo que ni os despierte el estampido del cañon, los ayes de los heridos, el llanto de la viuda, ni el ruido de las pasiones. Vosotros mas afortunados que nosotros, mirareis algun dia con los ojos de la razon y de la filosofía el horrible cuadro que os ofrecerá la historia de nuestros padres. Allí vereis con su verdadero colorido y en toda su estension el retrato de las miserias humanas. No os aflijais cuando sumidos en la orfandad mireis destruida y aniquilada la herencia de vuestros ascendientes.

No, vuestros padres no os dejarán por herencia lucrativas fábricas, ni talleres, hermosas y productivas casas de campo, ni aromáticos y floridos jardines: no, mirareis en derredor vuestro, y vereis cubierto el suelo de huesos, cadalsos, ruinas y sangre: temblareis al ver este horrible espectáculo; pero no tembleis. Os queda una herencia la mas pingüe, la mejor herencia de todas: os queda la herencia del desengaño. Aquellos huesos insepultos os enseñarán á conocer el fruto de las discordias civiles: las proscribireis, y con ellas proscribireis á la vez el arte que enseña al hombre á matar al hombre. Aquellos cadalsos levantados para expiar con ellos opiniones políticas, ó satisfacer la venganza de las mas ruines pasiones, os enseñarán á ser laboriosos, á mirar con horror esa llamada ciencia de la política que en último resultado no es otra cosa que la expresion del mas fuerte, y á ser tolerantes y magnánimos. Sobre aquellas ruinas, mudo ejemplo de devastacion y barbárie, alzareis vosotros hermosos talleres á las artes, y cátedras á la civilizacion y á la paz: el espectáculo de aquella sangre os pondrá el arado en las manos para cubrirla, y esos mismos campos de horror y esterminio serán una mina riquísima de vida, fructificacion y placer. Todos estos bienes los debereis al desengaño, mientras que nosotros somos víctimas de las pasiones y la ignorancia.

INDICE.

—